·献给我亲爱的孩子·

你的十五岁

老李 ◎ 著

北京日报出版社

图书在版编目（CIP）数据

你的十五岁 / 老李著． -- 北京 ： 北京日报出版社，
2023.11

ISBN 978-7-5477-4704-9

Ⅰ．①你… Ⅱ．①老… Ⅲ．①青春期—家庭教育
Ⅳ．① G782

中国国家版本馆 CIP 数据核字（2023）第 188023 号

你的十五岁

出版发行：北京日报出版社
地　　址：北京市东城区东单三条 8-16 号东方广场东配楼四层
邮　　编：100005
电　　话：发行部：(010)65255876
　　　　　　总编室：(010)65252135
印　　刷：三河市中晟雅豪印务有限公司
经　　销：各地新华书店
版　　次：2023 年 11 月 第 1 版
　　　　　　2023 年 11 月 第 1 次印刷
开　　本：880mm×1230mm　1/32
印　　张：7.75
字　　数：150 千字
定　　价：59.00 元

自序

我曾是一名军人，从军近 30 年的阅历和特殊环境下形成的价值观，告诉了我要培养一个什么样的儿子。他的成长比成功更重要，他可以不追求成为英雄，但一定要成为真正的男人，这就是我作为一个父亲的基本认知和人生态度。

2022 年 9 月 1 日开学后，我与儿子的矛盾开始变得尖锐化，主要是因为即将到来的中考，以及走职业足球道路的无望和青春期的生理变化等综合因素的叠加，让儿子越来越躁动不安。我们几乎无法心平气和地坐下来正面交流，我第一次真切地感受到了儿子的叛逆，有时甚至我刚开口，他就怒气冲冲地把我的话给挡回去。让我刻骨铭心的是有一次吵架，他居然要伤害他自己，是我死死地抱住他和他妈苦苦地哀求，儿子才最终平静了下来。此时的我是多么无助，又是多么焦虑不安，更为儿子起伏不定的情绪和冲动的行为而忧心忡忡。

我给儿子写微信留言，让我感到意外的是，他会经常给我回复大拇指，或是鼓励或是认同的表情，甚至还会表达简短的意见，这让我仿佛在迷雾中寻找到了前进的方向，在千回百转中寻觅到了打开命运之门的金钥匙。

我告诫自己儿子并没有我想象得那么不可理喻，为什么不尝试更深入地与他交流呢？这就是我要将"留言"进行到底的初衷。再后来，我的留言越写越长了，尽管我一再提醒儿子要看我写的留言，哪怕每次看一小部分，得到一点点教训，受到一点点启发，我的留言就没有白写，我的付出就有了价值！

我一直坚信沟通交流的力量，我也知道儿子不会每次都很认真地看完我写给他的留言，但他能选择性或走马观花式地浏览我也是知足的，我还是要坚定地甚至一厢情愿地写下去，因为我始终认为全天下没有与生俱来的坏孩子，只要家长坚持守护在他身边，并保持足够的耐心，就没有教育不了的孩子，更没有过不去的坎儿。我同样坚信正能量的引导一定会在儿子身上起作用，事实上，儿子也确实在向着好的方向变化，特别是进入初三下半学期尤其是百日冲刺阶段后，学习变得更为主动，懂得了为什么学，为谁而学，更难能可贵的是儿子对足球的热爱，尽管一次次悲观失望，一次次跌倒又爬起，但始终没有放弃追逐足球的梦想。他对父母和周围人的态度也更加积极友好，甚至放弃重大比赛就为了陪伴一位回原籍上学又回北京探家的同学，这让我看到了儿子重友谊、讲感情的人性之美。我们也渐渐达成了一致意见：不为成功，只为热爱；坚持付出，不留遗憾！

在与其他家长交流中，我也认识到自己并不"孤独"，大多数面临中考升学压力和青春期成长烦恼的家长都有与我一样的焦虑和不安，有的甚至比我更严重、更无助。我亲眼看到一位要好的朋友，孩子不愿上学，每天把自己关在房间里，绝望的父亲无心工作，成了医院的"常客"。还有许许多多我听到的、看到的事例，有的更是让人触目惊心，这无疑让我想了很多很多，我想到了自己的留言，尽管我不是专家、学者，甚至连文字表达能力都十分有限，但我要把这浅薄的"一家之言"整理出来，也许能给千万个家长和孩子提供一个有关教育和成长的思路，即使只是对他们有一点启发也好，我就是做了一件有意义的事。

书中的家庭教育部分，我自认为是最有参考价值的。我的留言写了近一年，各种大事小情不厌其烦，重大传统节日、民间习俗等我都要给他讲来历和意义，尤其是看到当代很多年轻人对传统文化的无暇顾及或不感兴趣的漠视态度，更让我感到传承传统文化的重要价值和意义。我不怕麻烦，也不怕儿子嫌我啰唆，只要能给孩子带来一点点启发我都要在留言中一一表述，只要孩子看了、读了、感受了，就会积少成多，积沙成塔，他对家庭、国家和民族的认同感才是真实和有温度的。尤其是姥姥生病时，我一连写了8条留言，较为完整地记录了姥姥从身体陷入危机到康复的全过程。现在回顾起来，儿子是见证者、参与者，我们这个由父母和大舅二舅组成的大家庭，以中国式的孝道、仁爱与和谐完成了传统文化现实版接力传递。都说父母是孩子的第一任老师，我想我和我们一家人都努力去做了，还将继续努力。

　　有一点需要说明，千人千面，我的儿子我最了解，他学习不拔尖，情商智商不出众，原本就是一个普通人家的普通孩子。我在微信留言中，更多的是以平视的态度，以及他可接受的方式进行沟通，毕竟是一个 15 岁的正值青春期的孩子，兴趣不广泛，理解能力有限，留言中没有惊天动地的大事，没有振聋发聩的大道理，没有旁征博引、引经据典，有的只是自身经历缺失的分析总结、生活常识的基本认知、读书学习困惑中的商讨等家长里短的生活琐事。

　　这本书中的内容是我原汁原味的记叙，追求真实和真实记录是我对这本书最基本的要求。在编排中，也完全是按时间顺序进行的，从 2022 年卡塔尔世界杯开幕式开始，我把这一天作为与儿子正式留言交流的起点，到 2023 年 7 月份，儿子中考结束并确定高中学校后结束。我基本是每天七点半到单位，利用八点半正式上班前的 1 小时，有时利用中午休息时间对儿子前一段时间或前一天发生的各类事情进行分析梳理，总结成功与失败的经验教训，告诫他如何做人做事，如何对待学习、足球，如何成长为一个真正的男人……让儿子生在中国认识中国更懂中国，在点滴生活感悟中融入家庭、融入社会！

老李

2023 年 7 月于北京

目 录

半身男孩穆夫塔的传奇

2022.11.21

儿子，昨晚卡塔尔世界杯开幕式非常精彩，令我印象最深的是卡塔尔人穆夫塔这个深度残疾的半身男孩，此前我对他一无所知。

我特意查阅了一些资料，发现穆夫塔真的是一个传奇：他没有下半身，医生说他最多活不过15岁，他后来仅凭双手学会了滑板、游泳、击剑、骑马、潜水、攀岩等体育项目。昨晚看开幕式，他作为国际足联世界杯形象大使，刚开始我还只是好奇，当得知真相后我感动得几乎落泪。

在很多人眼里他本就不该出生，可现实中他不但出生了，还顽强地生长着，并度过了第20个年头。无法想象，这20年里他是怎么活下来的！他经历了多少痛苦和挫折，又有多少不为人知的辛酸故事……他要比别人付出成百上千倍的努力才可能达到目前的生存状态，而且未来还是个未知数，他的生命随时会因为并发症而终结。这是一个怎样顽强的生命啊！

资料介绍说，穆夫塔出生前，医生告诉他父母这一严重后果后，并劝告需要放弃这个生命，而父母执意要生下他，父母明知生下他的巨大风险和可以预测的未来，为什么不肯向命运屈服呢？你以前没关注到，我现在要告诉你，该如何对待生命。每个人的想法不一样，穆夫塔的父母是少见的，甚至是罕见的，但又何曾不是伟大的！

穆夫塔的父母当初的抉择艰难而痛苦，但也许是文化背景和信仰的不同，让他们最终决定留下这个孩子并哺育成人。

你这个年龄也许还体会不到真正的痛苦是什么。"学习累"成了口头禅，我之所以和你讲穆夫塔的故事，一方面是因为昨晚的画面确实打动了我。另一方面，也想让你知道生命会有如此大的不同。残疾人穆夫塔不抱怨人生，不憎恨父母，不仇恨社会，反而是以回报社会的积极心态去做各种各样的公益事业。为什么我们正常人却总是抱怨命运不公？看到这些，你说我们还有什么资格哭冤叫屈？又有什么理由不努力呢？

我听说现在有些学校专门开设一堂课，让孩子们每周一次模仿残疾人的生活行为，体会他们的生活状态，通过这样的形式来感知残疾人的艰难，从内心去读懂生活并对生命产生敬畏，这样会让孩子们学会包容和友爱，更加珍惜生活，珍爱友谊。如果有这样的机会，我一定带你去参加，你说呢？

语文阅读要细之又细

2022.11.22

　　儿子，昨天语文作业中的阅读材料，有几个关键点我提示一下。一是第15题"根据材料看表述有误的一项"这道题，其实不难，主要考查学生有没有认真阅读，我把3段材料通读了一遍，基本了解了材料的意思，再一对照所出的题目，一眼就看出了"甲"题中通过"话剧演出"再现历史场景表述错误，而材料是通过"屏幕播放"再现历史场景。所以很容易判断。二是第17题"1月15日组织30名团员开展活动，根据材料推荐一处教育基地，并说明理由和注意事项"。材料篇幅不长，仔细点一眼就能看出来，中山公园要求每次7至15人，不符合"组织30人"的要求。颐和园在时间上对不上，所以，利用排除法就可知道选择最后一个——香山。然后再根据题目要求写出答案，我就不一一细说了。

　　我认真阅读了一下作业，其实难度并不大，我认为要提高阅读能力，需要做到三点。

　　一是认真认真再认真。我习惯用手指指着一行行地逐字通读一遍，这样不会漏掉关键词，也明白了大概意思。如果文章过长，还需要再次阅读，甚至阅读三遍，包括题目的要求也要完全搞懂，这样做到成竹在胸，一般就不会丢分。

二是静心静心再静心。任何事情能否成功，关键就看心态。足球运动员梅西达到世界顶级水平，离不开他强大的内心。在人潮涌动中，他的心如明镜、如止水，完全不受外界干扰，仿佛进入"自我"的世界。你尝试把心静下来，想象全世界只有自己存在，房间里只有自己的呼吸声，体会一下这样的感觉。我想这感觉一定是美妙的，如果你把这种感觉运用到学习和足球运动中，甚至日常生活中，你会发现完全不一样的自己。你还小，不一定能全部明白，慢慢体会，并尝试一下。

三是克服克服再克服。困难无处不在，克服困难是每个人生存必须做的功课，你现在正处在人生的第一个阶段（按孔子划分，十有五而志于学、三十而立、四十不惑、五十知天命、六十而耳顺、七十从心所欲不逾矩），这是一个为未来打基础的阶段，再加上青春期生理上的变化，多种因素纠缠在一起，对你是个较大的考验。只有克服各种困难，特别是个人身上的惰性、对父母老师的依赖等，你才能完成人生第一阶段的任务。

我说的这些，没有大道理，但需要你主动地思考、分析、判断、总结，希望你每天有新的学习和生活领悟，每天进步一点点。当然，我和你妈都相信，你目前正走在正确而充满挑战的道路上，你的未来虽然会一路荆棘相伴，但一定是光明和美好的！加油！

卡塔尔的输球与沙特的赢球

2022.11.23

　　儿子，今年世界杯东道主卡塔尔首场输球与沙特首场赢球给我一些启示，与你分享一下。

　　卡塔尔打破了世界杯 92 年来东道主首场不败的历史，成为人们茶余饭后的谈资，仔细分析也不奇怪。原因有三个：

　　第一，心理准备不充分。自认为近几年来下了苦功夫，全世界招兵买马，大量归化球员，甚至引起了当地足球人士的不满。同时，重金引进世界知名教练团队，并取得了骄人的成果，尤其是取得亚洲杯冠军，让外界一片看好。这支球队在如此骄人的成绩面前也对自己高看了一眼，心里多少产生一些浮躁或不专注的问题。

　　第二，思想认识不足。无论个人还是团体，在赛前对比赛的残酷性认识不足，长期积累的优越感或使他们对自己的实力充满自信，而且厄瓜多尔在南美洲不算强队，自己占有天时、地利、人和的绝对优势，取胜是情理之中的事。结果却让人大跌眼镜，不但自己感到意外，也成了全世界的笑柄。所以，卡塔尔的首场输球证明了那句老话——"谦虚使人进步，骄傲使人落后"。

　　第三，缺乏经验和拼命的勇气。狭路相逢勇者胜。

近几年，卡塔尔为举办世界杯下血本，球队成绩也是一路直上，但依然缺乏像欧洲足球五大联赛这样的高强度和快节奏的世界级的重大比赛。尤其是心理素质不过硬，有人说卡塔尔球员有的上场后腿都打软了，这也许是一句玩笑话，但也反映了这支球队在世界级大赛中抗压能力不够，无法完成教练安排的战术要求，在战斗精神、专注度和意志力等方面都还有较大的欠缺。

所以，我认为做任何事，一定要在思想和精神层面上高度重视，有什么样的思想就会有什么样的行为。比如，你思想上重视了学习，在巨大压力和惰性面前有一定心理预期并保持定力，依靠个人顽强的毅力坚持做好每一个细节，这样，学习成绩就差不到哪去。反之，就是另外一种结果。

咱们再看沙特队，同样是西亚球队，为什么能战胜比自己实力强得多的美洲劲旅阿根廷队呢，给全世界爆了个大冷门？我看，这叫哀兵必胜。当所有人都认为这将是一边倒的比赛时，沙特队没有因为实力不济而放弃自己，他们每一分钟都在认真而扎实地应对，抱着战死沙场的信念。尤其是上半场完全处于劣势的态势下，同时承受着现场几万球迷的希望和背负亚洲球队重托的巨大压力，下半场完全豁出去了，不但没有被压垮，反而每个人都迸发出了无穷的能量，每球必争，逢球必抢，越拼越积极，最后让梅西率领的阿根廷队感到了绝望。这就是以弱胜强的典型例子。

我更是从中看到了精神的力量，没有绝对的胜者或败者，也没有绝对的强弱，只要永远怀抱敬畏的心去对待生活中的每一件事，用顽强的意志孜孜以求，永不放弃，你就永远是强者！

父子吵架反思（一）

2022.11.28

儿子，我一直在想上周咱俩吵架的事，并认真分析了，认为咱俩都有各自的问题。

我主要是太着急。老师发消息说网课中两次课上提问不见你回答，认为你不在线上。我也因此主观上认为你是在偷懒，或开小差了。你知道，学习上出现这样的问题我是不能容忍的，尤其是你处于初三这样关键的时期，所以对你大发脾气。尤其是训斥你之后，你粗鲁地顶撞自己的父母，我更是怒不可遏。当时，我真的很悲观，你对父母的态度让我感到做父母的失败，尤其是教育上的失败。我甚至认为，你这样对待学习、对待父母，未来应该不会有光明的前景和幸福的人生了。

冷静后，我也反思了，凡事不能太着急，问清楚再下结论，避免因情绪化导致无意义的争吵，既影响你的情绪，更影响一家人的感情。同时我的这种教育方法和行为本身潜移默化地传染给你，你在以后的人生中也会效仿，这叫负能量的传导，真是不应该！

而你的问题，主要是不善于交流，既有性格和青春期的特征，也有学习和生活态度上的问题。老师上课提问，你不会的问题也要站起来说明情况，这本身不丢人，就是有不会的地方才要学习的，所谓知之为知之，不知为不知，这才是真诚的学习态度。所以，你要学会交流。交流是一种能力，如果你及时站起来了，解释了原因，就不会出现这样的误会了。

还有，我发脾气了，你当面顶撞，只会火上浇油，使问题扩大化。我想，吃一堑长一智吧，经过这件事你又会长大一点，把坏事变好事，人就是在不断地犯错中完善自己的，如果你认识到了并将得到的启发、领悟应用在以后的生活学习中，这次吵架就有了正面意义！

父子吵架反思（二）

2022.11.29

儿子，我还想延续昨天的话题，就是关于咱们一家人性格脾气的问题。

咱们一家人都是急脾气。我是急脾气，原来在单位每次开会我都要检讨自己脾气太急躁，可检讨完了以后还是犯，别的问题还好改，就是这个急脾气确实太难改了，正是应了"江山易改，本性难移"这句话。你妈也是急脾气，你原来总是形容她是女版李逵，她疾恶如仇，尤其看不得弱者被欺负。看不惯就要说，有气就要发出来，心里藏不住事。

急脾气或暴脾气也是你的秉性，不是你的过错，因此也用不着忧虑。而且我们这种急脾气也有优点。一是直率，为人坦诚，好与人相处。二是敢担当，从不推责，活得真实，问心无愧。所以你看我们一家人睡觉踏实，从来没有失眠的现象。当然，某种程度上说，急脾气也是一种坏脾气，与人交往时，由于过于直率，遇事不拐弯，批评人也往往不留情面，很容易得罪人。我前几天因为你上课不回答老师提问而发脾气，也是没有事先了解情况，导致咱俩吵了一架。

还比如，你在球场上与人打架，也是因为被别人踢了，有人从你背后铲球，你就不干了，先出气再说，造成了一些不愉快。尤其是对于不了解情况的人来说，还以为你在故意找碴儿，有的人甚至认为这是人品问题，这样的结果是你很容易被人"扣帽子"（贴标签）。当然，现在你长大了，渐渐理解了足球，这种事发生得也少了，但并不代表以后不会发生了。

怎么办呢？人的脾气性格，好的方面我们依然要保留，做人还是要有担当、坦诚和直率。存在的问题，则需要我们边成长边修炼，只要用心去做去改，以后遇事就会冷静处理，理性分析，心平气和，最后会越来越有君子风度。

这些年，我和你妈因为急脾气吃了不少亏，更深深地懂得急脾气带来的危害，所以，明知道做起来难，也还是改了不少。古人讲，以史为镜可以知兴替，以人为镜可以明得失。摔跤多了就知道哪里路平，哪里有坑。我们一家人也越来越和睦，幸福感也越来越强了。

对于你来说，人生才刚刚开始，我建议：一是多看书，增加自己的知识储备，从书本中拓宽视野，了解人生大事，通过学习，明白做人做事的道理。二是多领悟，凡事多问几个为什么。学会克制、忍让和包容。体会包容别人的感受，这是一个由苦到甜的过程，结果一定是美妙的。三是强内心。社会是复杂的，尤其是在你这个年龄，很容易被外面所谓的精彩世界所忽悠，我们要有自己的价值判断，通过不断追求真善美，不断提高自身素养，让自己的人格逐步完善起来，自身的修养提高了，急脾气一定会改变的。你说呢？

学习的主动与被动

2022.11.30

儿子，今天英语老师公布了未提交作业的学生名单，你"中奖"了！虽然这种事情很少发生，但一定要重视，这是学习态度和学习方法的问题。初三了，学习压力陡增，之前大家都这么说，我虽然有一定的思想准备，但真正面对时还是感到了相当大的压力，尤其当你初三第一次的月考成绩不理想的时候，我甚至有些焦虑了！所以，把你周一至周五晚上的足球训练也取消了，当然你也是同意的，说明你也感受到了压力，这一点咱们的认识是一致的。

我之前也找你谈过，初三的学习与足球训练时间如何协调的问题。这一年的时间，都要以学习为主。周六、周日可以参加足球俱乐部的训练，如果时间不紧张，周五晚上也可以训练。咱们尝试了一阵子，这种模式还可以，在逐渐习惯学习的高强度和快节奏后，你基本找到了学习与足球训练的平衡，学习成绩也逐步提高，这一学期期中考试有 3 门课进步较大，尤其是数学在年级排名前进了 133 名。这是非常好的事，要感谢你自己，通过不懈的努力换来了成果。

更让我和你妈高兴的是，你学习的主动性提高了，同时敢于对老师提出质疑，要求更好的学习方法和更高的学习效率，这真是难能可贵。这不是不尊重老师，学生敢于提问和质疑，是做学问求真知的态度，与其他无关，所以你不用有顾虑。当然，老师也是明白人，不会因为学生的提问而懊恼，反而促进他进一步提高教学水平。

主动学习是积极的态度，意味着你思想的成熟，看到了自己存在的问题和短板，自我有危机感，不断调整方式方法以提高学习效率和学习成绩。原来是被动学，这是消极的学习方式，总感到被别人牵着鼻子走。现在你还可以回顾一下，为什么作业没有按时完成，网课为什么会松懈和懒散，怎样跟上老师的节奏，等等。要知道，老师们有着丰富的毕业班的教学经验，只要你紧紧跟随，我想你应该没有问题。

同时，对老师不要抱怨，要学会站在老师的角度考虑问题。学校和老师同样有教学压力，这既是对孩子们负责，也涉及学校的荣誉，所以老师们也是拼命地备课讲课，生怕哪个孩子落下了。有时因为学生不听话或不按时交作业，也会发脾气。

说这么多，还是希望你不断调整、不断改进、不断提高，尤其是思想态度方面，接受现实，迎接挑战吧，加油！

专注一件事，大胆做自己

2022.12.1

儿子，昨天开始天气骤然变冷，而且最低温度一下降到了零下十几摄氏度。但也该冷了，冬天就应该有冬天的样子。

时间过得真快呀！再过一个月你们就该期末考试了，考完试又快过年了。你总说时间过得慢，我们小时候也总是盼着过年过节呀，恨不得天天过年过节，因为有好吃的好玩的。

天气越来越冷，你有一个不好的习惯，只要身上一热就脱衣服，以往你是吃过这样的亏的，所以一定要长记性。感冒并不可怕，你从小踢球，身体条件是非常好的。但自己大意造成的感冒就不应该了，尤其是秋冬换季的时候，训练后一身汗也不换衣服，任凭身体的热量把衣服焐干，这种情况下再好的身体也会出问题，原来也说过你几次，但你不放在心上。你说感冒了多麻烦，原本一个小小的感冒成了一家人的心病。这种事我希望以后不要再提了，你要听不进去就是你的问题，做父母的无法替代你。

昨天你说我们打电话影响到你学习，我和你妈以后会注意的。但我认为你也要调整一下自己，就是怎么抗干扰。

这个事说简单也简单，说复杂也复杂，有的人做事天生专注。但有的人就是受不得一点干扰，这就是人与人的不同。你就是受不得一点干扰的人，比如足球比赛，你就很在乎观众的呼喊和评价，容易情绪波动，影响自己的状态。你睡觉也轻，一点动静就醒，认真说起来这是个问题。从生理角度看，也是遗传的。我从小也是心理素质差，但懂事后，知道这影响自己的成长，就刻意去纠正它，有时鼓励自己在众人面前说话表达，有时还故意在马路上高声歌唱，后来养成了习惯，到现在走在马路上还会不由自主地哼起歌来，你还笑话我唱得真难听。

所以说，你现在要建立自己的价值标准，既要学习优良的传统文化，又不能迂腐，不要太看重别人怎么评价自己，以免影响到自我心理及思想情绪。就像足球比赛，场外骂声一片又如何，梅西、C罗等运动员哪个不是在骂声、哭声和噪声中成长起来的？所以，有时候大胆做自己的事，专注做一件事，会让自己体会到什么叫忘我。当然，做起来会很难，但不去做永远体会不到内心强大是什么滋味！一定要去体会、去改变！

信任不能代替监督

2022.12.3

　　儿子，我今天问你为什么昨天晚上对妈妈的态度很不好，你说妈妈总唠叨，你心里特别烦，她说东你偏要往西，就要对着干。

　　我是能理解你的，昨天是周五，你上了一天的课也确实很累，想打游戏放松一下。但你站在妈妈的角度想一下，你第二天上午有数学课，老师布置的作业还没完成，你提交后老师还要批改，提交太晚的话老师也没时间批呀，所以妈妈催着你赶紧把作业做完给老师发过去。可怎么说你就是不动，非要打完这一把游戏，后来妈妈也是急了。你也看到了，我一直不说话，其实我的脾气你是知道的，我现在也在不断调整自己，想发脾气时强压着，所以我一言不发，但站在一旁你也应该感受到了我的态度，我是支持你妈的。你后来的表现还是不错的，看到我们真生气了，最后把游戏扔到一边去做作业了。虽然你满脸不高兴，但至少还是照做了。

　　说起抓学习，你妈比我负责，我有时候总是心软，主要是寄希望于你能够自觉自律。其实我也知道这很难，大人一般都做不到，你这般大的孩子更是难以做到。这里还有个相互信任的问题，人与人之间是需要相互信任的，何况一个家庭呢！由于你还小，社会阅历少，但不能说你就没有自己的"小圈子"，比如同学、伙伴、老师、队友、教练等，我看你与他们的关系不是处理得挺好吗？这说明你这个人具备被别人信任的条件。

在家里，我和你妈一般都是选择让你自己处理学习和交往上的事，再说，我们也没时间总是陪着你。昨晚是个特殊情况，你妈盯着你是怕你磨叽耽误时间，来不及交作业由老师批阅。我的看法是，你要理解你妈急迫的心情和一位母亲对孩子的期盼。所以，你不要认为这是对你的不信任或不尊重。平时你也有不自觉的地方，比如有时不能按老师的要求及时完成作业、看手机时间过长等。这说明，你这般大的孩子要完全做到自律几乎不太可能，信任是不能替代监督的，我们对你的监督更是一种保护，一种关爱和陪护。

关于手机的问题，我对你使用手机的态度你是知道的，既不反对也不赞同。我认为每个人都活在当下，而当下是什么情况？科技高速发展，信息化无处不在，离开了手机基本无法生活，所以让你们脱离手机，会让你们与社会脱节，有些不现实。而且学校教学中也处处使用手机。所以，我不赞成禁用手机。但是，如果对手机总是念念不忘，甚至有心理依赖，这我就坚决反对，比如你利用吃饭时间刷短视频，这是不合理的。我知道你学习压力大，想利用空余时间放松一下，但你想想，网课面对的是电子屏幕，眼睛一盯就是一天，头脑放松了，眼睛受不了，所以你要好好想一想，怎么做才更合适。怎么处理好学习与手机的关系？如何才能让手机发挥更好的作用，而不是让手机把你绑架了，你成了手机的俘虏？好好想想！

学习与足球的困惑

2022.12.5

儿子，周六、周日晚上你主动跑步了，这非常好，我举双手赞成。平时我每周都有 2 到 3 次 5 公里跑步，有时骑车上下班，来回 20 公里。你和你妈还老劝我别这么大运动量，我认为自己可以承受，谢谢你和妈妈的关心！

你是有运动天赋的，并且养成了运动的好习惯。尤其是坚持足球训练，这一晃就是 7 年了，真是不容易！喜欢一件事就要始终不渝地坚持去做，做到极致，这是我的态度。

咱们算一算，这些年，北京城几乎所有的足球场都留下了你和队友们的身影，踢过的比赛都算不清了（主要是记不清）。有一年暑假你去日本训练，那时你还不到 10 岁，由教练带着你们远渡重洋，咱俩通了几次电话（用教练手机），你说自己能照顾自己，还总是匆匆挂了电话说要与队友玩去，我和你妈既为你能独立而且快乐感到高兴，又为你几句话就把我们打发了而有点埋怨。

回来时你也是满心欢喜。我们在机场翘首以盼，你出现的一瞬间，你妈几乎要尖叫起来了。看着你又黑又瘦的样子，妈妈那个心疼呀！更让我们惊讶的是，你竟用我给你的零花钱给我买了一块日本电子手表（约100元人民币），我如获珍宝，一直戴在手腕上，后来没电了，就一直放在家里客厅最显眼的柜子上，以便经常能看到。你还给妈妈买了一盒面膜，别提她有多高兴了，每每提起这事总是掩饰不住地为你小小年纪这么懂事而一脸的灿烂。

现在咱们对足球越来越迷茫了，不像过去没有学习的压力，几乎天天想着足球。说起足球的故事，真是几天几夜也说不完，这里面有胜也有负，有喜悦也有痛苦；我们一起吵过、闹过，你也哭过、骂过，我几次想让你放弃它，你虽然也有过放弃的想法，主要原因是学习的压力，但你最终没有放弃，还在利用周末时间坚持训练。即使你的队友大部分都不再坚持，但你能坚持自己的信念，保持着平日的身体锻炼和周末训练，这种艰苦的付出，是需要相当强大的毅力的。这一点我很佩服你，你这个年龄靠自己去坚持的孩子并不多，这是一种热爱、一种信念、一种执着，我在想，即使以后不踢球了，有这样一种积极的人生态度，又何愁不会有收获呢？

你也抱怨足球大环境，学习压力又这么大，可怎么办呢？足球选拔人才的方式也是有限的，任何抱怨甚至抵触只能是让自己更受伤。今天看书，其中有一段话想送给你："只要你活着，就始终要面对事情，当那些你不喜欢的事情降临时，你只有两种态度可以选择。一是以抗拒的、消极的心态去面对，在处理的过程中痛苦万分，甚至生不如死；二是以坦然的、积极的心态去承担，告诉自己既然这件事无法逃避，那与其被它摧残得痛不欲生，还不如以勇敢的姿态，以一种有尊严的方式去应对。"

这些话对你来说很实用，以积极的态度去迎接挑战才是最好的选择。因为你钟爱足球，所以既要保持良好的学习状态，又要保持良好的足球水平，一直坚持到最后一分钟，不给自己留下遗憾。

不要给别人取外号

2022.12.7

　　儿子，你这两天晚上跑步安排得很好，约定的伙伴还没有到，你自己先跑起来，边跑边等，既增加了锻炼时间，又避免了身体受冷。原来你总是一个人在外面等着，外面多冷呀，你穿得又少，很容易引发感冒。我提醒后，你也意识到了这个问题，说明你善于吸收别人的意见。在家里上了一天网课，我知道你想找小伙伴们聊聊天儿，放松一下，这没有问题，我和妈妈是全力支持的。

　　有一件事需要探讨一下，前段时间妈妈理了头发，你说妈妈剪了新发型后特像电视剧《父母爱情》里的江德华，并拉着我到妈妈跟前，指着妈妈的发型问我像不像江德华。我原来没太注意，被你这么一说，再认真一瞅，还真像，不但身材像，说话大嗓门儿也像，尤其大大咧咧的样子更像。这说明你善于观察，我原来总说你粗心，看来你在有些方面也很细心，值得表扬！

　　但问题也来了，随后的时间里你总是叫妈妈江德华，这样不好，对妈妈不尊重，也显得轻浮，所以以后不要管妈妈叫江德华了。当然，你妈说没关系，叫啥都行，只要儿子高兴。原来你还形容妈妈是女版李逵，妈妈也是乐哈哈，从来不计较，这当然是为人之母的伟大之处，就像"儿行千里母担忧""老母一百岁，常念八十儿"等所说的那样，母亲永远是天下最疼爱孩子的人，为儿女操劳一辈子，不求儿女一丁点儿的回报。

但你却跟我说："都什么年代了，与母亲开玩笑，显得这个家自由、民主。"我认可时代不一样了，对自己的母亲，开玩笑是可以的，但带有取笑性质的绝对不行，尽管母亲不在乎，但自己要有分寸，心里要永远保持敬意和热爱。不能把民主、自由当作幌子任意使用，否则，就是没有教养的行为。

通过咱们家的情况，我相信你也能感受到我们是平等的，你提出的意见、建议，我和你妈都是尊重的，只要合规矩，符合人情常理，我们也是支持的，你完全是在自由的环境中成长。所以，评判一个国家要看历史，民主、自由也一样，不要盲目相信国外的月亮比中国的圆，要有自己的分析和判断！

刷题是个宝贵经验

2022.12.10

儿子，昨天老师发消息了，转你看一下："家长您好！很遗憾地要跟您反馈下孩子的基本学习状况，居家这段时间，前期表现不错，上课能按时来，提醒后会开摄像头，可近期孩子的作业多次交不上来，找他他也不补，如果您也居家，还是要提高孩子的学习意识。"

这是老师发给你妈的消息，你妈转给了我，并给我打电话。我知道你妈身体难受起不了床，就赶紧从客厅跑过去，只见你妈很着急的样子，手指着隔壁房间的你，虽身体虚弱却还想要起身跟我说你学习的问题，我急忙安慰她说我来处理，并向她解释说你的数学作业比较简单，就不愿意重复多做了，所以没交作业。并说会找你好好谈谈，你妈这才没再多说什么。

接下来我给你发消息提醒你："学习上的问题我不重复了，老师能指出来说明很负责任，你要珍惜，不要认为老师为难你，利用 6 点下课后的时间把所有没完成的作业认真完成并上交，再辛苦也要坚持！"你看我分析得对吗？你就是不愿意重复做一件事，而学习与做其他事不一样，刷题是个宝贵经验，重复自然有重复的道理。应该说你在这方面有过不少的教训，有的老师说你做题慢的原因就是刷题太少。

　　刷题真是一个重要的学习方法，为什么说"温故而知新"，大教育家孔子在两千年前就说过了。现在还有学前预习、学后复习等方法，目的就是要对所学的知识掌握得更牢固。我在很早以前也与你探讨过，就好比背古诗，你今天背得滚瓜烂熟，过几天就磕巴了，再过段时间可能就忘了，你体会一下，有没有这种情况？有一阵你背毛泽东的《沁园春·雪》、李白的《将进酒》非常流畅，结果没过一段时间我再考你，你就打磕巴了。这说明知识不去巩固，过不了多久就会忘记。这就是学习的规律，尤其是语文、英语等需要去记的绝不能大意，数学、物理需要刷题的也绝不能含糊，必须下苦功夫，用笨办法，舍得花时间，没有什么捷径可走。如果你怠慢了它，它就会怠慢你。做任何事都是这个道理，一分付出一分收获，天上不会掉馅饼，要永远记住今天老师的信息和我的告诫，聪明的孩子不重复一个错误，切记！

当父母吵架

2022.12.21

儿子，这几天发生的事，对我来说就好像是做了一场噩梦。你也是亲历者、见证者、参与者，不知你是什么感受。就我来说，每一个细节都是那么清晰、真切，那么叫人不堪回首。咱们一家三口刚刚走出病毒的折磨，我怎么也想不到，鬼使神差般，你妈会因为一些琐事大发脾气。我也丝毫不让，最后的结果就是"干仗"。

连续好几天，咱们家充斥着病毒一样的空气，我仿佛每呼吸一口都被伤害一次，吃不香也睡不着，不知如何才能结束这无休止的争吵，我感到非常无助，也想了很多很多，包括我与你妈离婚的后果，你的将来怎么安排等。现在回想起来，不论对与错，我要感谢你，你在这场冲突中有自己的思考，每当我与你妈吵起来你便放下学习或休息冲出自己的房间进行劝导，你讲不出大道理，甚至只能用自己的怒吼和伤心绝望地痛哭来表达对父母复杂的情感和埋怨。你不愿父母离婚，但又说尊重大人的选择，你做了一个15岁孩子能做的一切。

想想这些，我感到我和你妈都太自私了，只顾自己的情绪宣泄，而忘记了一个青春期孩子的感受和给你带来的心理伤害。在此，我向你道歉！这是一次本不该发生的事，但既然发生了，除了大人吸取教训，我也认为你接受了一次人生痛苦的洗礼，让你更懂得了生活真实的样子，除了幸福和欢笑，还有一路相伴的挫折和不幸，好与坏、苦与乐、福与祸，成功与失败、付出与收获等，又有哪一样不是相生相伴的呢？这就是人生该有的样子，你的成长与成熟就是在学习生活与社会交往中点点滴滴积累而成的。我希望你把这次父母的吵架当作一次人生体验，当作学习生活中接受逆境的考验。

这次吵架，还有让我感动的地方是，你姥爷知道后从老家给我打电话，"你带禹禹回来吧，让她一个人在家待着……"我立马把电话挂了，我不敢再听下去，我怕自己会号啕大哭。这是多么善良和通情达理的老人呀！平日里把自己的闺女当宝贝，此时又是这样的"无情"，一心向着我这个"外人"，怕我和你受委屈。还有你姥姥、大舅、二舅和舅妈，都打电话安慰和劝说，尤其是你二舅给你妈发的消息，我看了也是几度落泪：

妹，妈妈最近三次流泪了，其实我知道妈几乎失明了，眼睛里几乎没有泪水了！今天，我给爸妈收拾了一下屋子，顺便把你和妹夫的事说了一下，妈又哭了，妈用脏袖口擦着脸说："怎么办，要不让你爸去看看？"妈妈的一生太可怜了，现在应该享福了，可儿女都不在身边！妹，妈是最坚强的人了，也是最让人敬佩的人，我们兄妹能有今天，都是妈妈教育的结果！好妹妹，千万不能因为家庭的小事闹个没完没了。爸妈年龄大了，不能再让他们着急上火。禹禹的年龄正是"三观"形成时期，千万不能影响他，你打拼半生不都是为了孩子好吗？我们都50岁的人了，开开心心过好每一天是最重要的！我们都要珍惜今天的美好生活，孝敬父母，善待生命，珍爱家人！好妹妹，听二哥的话！

不知你是什么感受，你知道为什么你妈和你舅舅在老家都口碑载道吗？没错，正是因为姥姥姥爷朴实善良和潜移默化的影响，这一家人在村里和外面都受到大家的尊敬。我是幸运的，你也是，咱们都珍惜家人吧，珍惜我们大家之间的感情！

传统节日不能忘

2022.12.22

　　儿子，我今天早上上班前告诉你，晚上回家吃饺子，因为今天是冬至，中国有冬至北方吃饺子、南方吃汤圆的传统习俗。

　　你们这一代人，可能对传统的东西越来越不感兴趣，认为传统代表着过时、守旧，西方的愚人节、圣诞节等节日又时尚又洋气，羡慕不已。这个观念是不对的，我们要让传统回归，让文化有传承，因为传统文化里面有大智慧。比如二十四节气，是中国历法中表示自然节律变化的特定节令，一年四时，春、夏、秋、冬各三个月，每月两个节气，准确地反映了自然节律的变化，这是多么大的智慧！中国的文化一直传承至今，这足以说明我国传统文化的生命力和传承价值。

　　我国几千年来一直都是农业大国，二十四节气不仅指导农耕生产，还融入了老百姓的日常生活。咱们细看一下二十四节气，春季有"立春、雨水、惊蛰、春分、清明、谷雨"，夏季有"立夏、小满、芒种、夏至、小暑、大暑"，秋季有"立秋、处暑、白露、秋分、寒露、霜降"，冬季有"立冬、小雪、大雪、冬至、小寒、大寒"。你回想一下，咱们以前清明节回老家扫墓，几乎每次都是下雨，所谓"清明时节雨纷纷"，是不是很准确呀？还有其他时节也是一样，你只要用心去观察，就能发现古人的智慧和传统文化的魅力所在。

还记得吗？北京冬奥会的开幕式上用二十四节气的精彩画面进行倒计时，震惊了全世界，也让我们为中国传统文化的美妙而感到骄傲和自豪。今天是冬至，不是什么很特殊的节日，我之所以要特别提出来，是希望通过这种仪式感的传承，让你从点滴中去感受传统文化的魅力。毕竟我们是中国人，一味地羡慕西方，丢掉了老祖宗留下来的好东西就是忘本，这种忘本一定会迷失自己，像一个人走丢了再找回来就难了，你慢慢体会我说得对不对？

不要做"差不多先生"

2022.12.27

　　儿子，再过几天就要期末考试了，这次考试比较特殊——居家线上考试。

　　线上考试的问题，全靠你自己解决，老师已经进行了说明，学校副校长还专门录了视频对期末考试进行讲解。家里的打印机、墨盒、A4 纸我都准备齐全了，昨天我也买了 4 支签字笔，你还需要把老师的安排仔细地过一遍，看看还少什么，包括需要下载的考试软件、摄像头调试、提交试卷的方法等。这次考试是一次全新的方式，虽然你平时也有线上考试，但这次还是不一样，从技术到心理上都是一个考验。

　　就这么几天了，把所有心思都集中起来，按老师的要求，每项作业都认认真真地去高质量完成，决不能当"差不多先生"。很早以前我们就一起学习过胡适写的《差不多先生传》，这篇文章就是嘲讽那些处事不认真的人，其中有一段我印象深刻："有一天，他忽然得了急病，赶快叫家人去请东街的汪医生。那家人急急忙忙地跑去，一时寻不着东街的汪大夫，却把西街牛医王大夫请来了。差不多先生病在床上，知道寻错人了，但病急了，身上痛苦，心里焦急，等不得了，心里想道：好在王大夫同汪大夫也差不多，让他试试看罢。于是这位牛医生王大夫走近床前，用医牛的法子给差不多先生治病。不上一点钟，差不多先生就一命呜呼了。"

这是多么具有讽刺意味啊！鲁迅也曾经批评国人说："中国四万万的民众害着一种毛病，病源就是那个马马虎虎，就是那随它怎么都行的不认真态度。"以前的国人确实有做事不认真、差不多就行的通病。当然，现在好多了，新中国成立后，国家发生了翻天覆地的变化，国人的素质普遍提高了，但这种现象还是普遍存在，我希望你要从中看到"差不多先生"的悲剧，让认真细致、勤奋好学在生活和学习中形成习惯，这样做事，在任何时候都会立于不败之地，做生活甚至人生的强者！

不要被诈骗短信忽悠

2022.12.28

　　儿子，你昨天晚上突然从书房出来找你妈帮忙，说是让你妈下载什么软件，通过操作可以获得 100 元的奖金，并强调说院里的小伙伴已经得到 200 元的现金转账了。

　　这件事我不认可，首先你马上就期末考试了，在学习这么紧张的情况下，你会在意这件事，说明你没有专注于学习，对考试不够重视。当然，从早上 7 点到晚上 10 点的学习和作业时间确实很辛苦，也难免有走神的时候，但你要掌握学习的方法，这期间即使再难，你也只能利用课间或中午休息等空闲时间进行学习以外的活动，放松一下，这样学习和个人活动都不耽误，你说对吗？

　　其次，我对天上掉馅饼的事从来都不相信。也许你的小伙伴确实通过加入某大品牌的商业活动，获得了200 元奖励，但你想这里面的风险有多大？你说要我也参与，并要我的银行卡号，我怎么会告诉你呢？这项活动很明显涉及个人信息的泄露，也许我们会得到这 100 元的奖金，但我们银行卡里的钱就不安全了，就有可能被别人盗走。

因为你还小，经历的事少，对危险缺少警惕，对这样的事可能出于好奇，想尝试一下，也不奇怪，我也没有过多地责怪你。但我要告诉你，这个世界远比我们想象得复杂，我们要真诚地去对待每个人，认真地对待每一件事，但千万不要相信天上掉馅饼。任何一个商业活动，它的初衷必然是利益最大化，它首先考虑的是自己掏出 1 元钱，必定要从别人的口袋里赚取几元钱，甚至更多的钱。

　　随着年龄的增长，你遇到的人和事也会越来越复杂，你的困惑也会越来越多，这就是所谓的成长的烦恼吧。以后，凡事要问几个为什么。还有，不管世界变成什么样，害人之心不可有，防人之心不可无，我也是吃了亏上了当后才明白，希望你早早就能明白。

　　比如你昨天就轻易地相信了人家的商业活动，这是很有风险的事，尤其是透露个人信息的事，以后不要再轻易去做。再有，你也接到过诈骗短信，几乎有手机的人都接到过诈骗短信，说明诈骗无处不在。尤其是电信诈骗，受骗的多数是老年人，因为老年人容易轻信人，而且有些老人爱贪小便宜。我们单位前几天还下发了派出所的提示宣传单，总结了当前新的诈骗手段，比如"杀猪盘"诈骗、刷单返利诈骗、冒充"公检法"诈骗、虚假投资理财诈骗、冒充客服诈骗、充值折扣诈骗、虚假票务诈骗、网络贷款诈骗、快递理赔诈骗等等，花样翻新，这里面的案例更是让人痛心疾首，叫人防不胜防。

今天提示你这些，目的是让你看清看似美好背后的一面，既要保持一颗善良的心，又要睁大眼睛看世界，以后少走弯路，甚至不走弯路！

机会是留给有准备的人

2022.12.30

儿子，你今天早上告诉我一个悲痛的消息——一代球王贝利去世了。

几天前你就说贝利身体很糟糕，可能会有危险。这确实是一个令世界球迷悲伤的事情，贝利几乎是全世界无人不知的球王，他是唯一三夺世界杯冠军的球员，二十世纪最佳运动员。虽然他的足球时代离你我，尤其是你久远了一点儿，但他的传奇故事影响了一代又一代人。

去年，我们一起观看了以贝利成长为题材的励志电影《传奇的诞生》，我俩也一直在探讨，伟大的球员是如何诞生的。这部电影讲述了他成为球王前所经受的种种苦难——出生在巴西的贫民窟，从小给人擦鞋；为了一双足球鞋去偷花生，为此被人追赶，贝利和同伴藏身之处因下雨垮塌，结果同伴被困死在里面……他几乎在自卑和屈辱中长大。在足球生涯一度无望时，他又跟随父亲到医院倒尿盆、刷马桶而求生存，可在成为职业队员后又因为"任加"踢法不被认可甚至自暴自弃……不过庆幸的是，他最后还是以顽强的意志力克服了种种困难，战胜心魔，找回自信，终于成为一代球王。

贝利的故事催人泪下，我想你也会有自己的看法。虽然时代不一样，但人要实现梦想所需要的精神品质是一样的，走向成功所要经历的苦难和挫折都是必需的，特别是战胜自我的强大内心都是不断磨炼出来的。球王走了，他成长的故事还将影响一代又一代年轻人，如果你想有所成就，你就要继续把他的故事藏在心里，即使做一个普通人，他的故事也会激励我们更加珍惜当下生活，懂得人生路上没有坦途，付出与收获永远是成正比的。

你这段时间总说累，你看一看，想一想，你的这种累仅仅是学习的疲劳和成绩竞争的压力。当你走向社会，成家立业的时候，再看看什么叫累。

我不是危言耸听，我身边这样的例子太多了，包括我们的亲戚，你是认识的，他们现在的生活你也看到了，有的穷困潦倒，有的永远看不到希望。他们的共性就是从小不努力，没有文化，不知进取，导致现在这个结局。

时间总是过得飞快，你也渐渐长大了，一些事还是要想得长远一点儿，虽然话题沉重一点儿，但会让你通过思考变得成熟。机遇永远是留给有准备的人，凡事提前计划，人生是这样，当前的学习和考试也一样，早准备早规划，早收获早受益！

线上考试要自律

2023.1.1

儿子，今天是元旦，2023 年的第一天，真是有好多好多的话想说，又不知从何说起。

这一年太不容易了，你回顾一下，去年一年，疫情给我们的工作、学习、生活带来多少不便和不安，甚至是痛苦、折磨。但不管怎样，总算是过去了，我希望新的一年，新开始，新气象，过去的不开心、不顺利都随风而逝。

愿望归愿望，都说人生不如意之事十之八九，吃苦和受苦会是一种常态，你要有这样的心理准备。新的一年，我们都有更大的期盼，也将面对更大的困难和挑战，而你既有中考要面对，还要去参加足球特长生的选拔，还有生理和心理的可预期或不可预期的烦恼，总之我们要面对的东西太多了。

所以，在元旦向你祝福的同时，我更要提醒你，当美好出现时，一定也会有烦恼在等着你。刚才你们班主任在群里发了消息："温馨提示：明天 7 点半进入考试教室，开始期末考试，大家今天调整好设备，调整好自己的心态，早点休息，定好闹钟，全力以赴，迎接明天的期末考试。不用紧张，不要轻敌，发挥出自己的真正实力，2023年第一考来啦，大家加油。"

我话说到一半，压力就来了，你把自己关在房间里复习，我相信你做好了充足的考前准备。当然，作为父亲，我认为在这样的时刻，我还是要提示几点。

一是放松心态。老师可能说了无数遍了，我还是要强调一下。你是足球特长生，用心体会一下，每当上场比赛，是心里紧张踢得好还是心情放松踢得更好，你应该比我更清楚。梅西35岁、C罗37岁，为什么还有这么高水平的运动状态？没错，成熟的心态是他们获胜的共同法宝。你上了9年学了，有过无数次的考试经历，对如何以放松的心态迎接考试应该有自己的心得了。

二是一定要真实与诚实。学习是为自己，考试的目的是检验自己的学习成效，一定要实事求是，如果考好了总结经验继续努力。如果考得不理想，分析原因，找出差距，吸取教训。我和你妈绝不会因为你没考好给你太大压力，而是重在查漏补缺，为以后考好做铺垫。所以，你切记做个诚实的孩子，考试可以出错，人品不能出问题。

三是认真细致。为什么我总爱讲"差不多先生"这篇文章，因为你身上一直有粗心大意这个问题，虽然现在改善了许多，但没有根除，这也是我的一块心病，你务必要重视，认认真真、踏踏实实地一道题一道题地看清楚，尤其不要出现加号看成了减号这样南辕北辙、张冠李戴的错误。还有，我们曾一起探讨过5秒钟冷静考试法。每道题动笔前要先冷静 5 秒钟，让自己有一点心理缓冲和静心的时间，不要着急做，尤其是特别简单的题，容易让人产生麻痹心理而把题目的意思理解错了。

这样的教训你是有的，放松的心态和严谨的方法，一定会让你受益的。从明天开始共 3 天考试时间，我的任务就是在家负责后勤保障，你唯一要做的就是放心、安心、静心，把全部的心思集中到考试上，祝你成功！加油！

写作文要紧扣主题

2023.1.4

儿子，今天中午，期末考试就结束了，是不是感到如释重负呀？

你说中午考完试就和同学们一起去打篮球，这种迫不及待的心情说明你期待很长时间了。

我能理解，从期中考试后学校基本都是线上教学，由于疫情把你们关在家这么长时间，对天性好动的孩子来说是一种考验，但总算是过去了。

前天上午考语文，你说考得还可以，但又好像没有把握。当你把作文念给我听时，我是有些震撼的，因为上一次听你念作文好像是很长时间的事了。这次的作文你写的是妈妈爱护你的故事，写得不错。作文的具体要求我不太清楚，但你的语言优美，逻辑清晰，内容连贯，最主要的是我觉得词语的运用和情节的描述超出了你这个年龄的一般水平。你说是自己虚构的，这倒不要紧，主要看写什么文章，比如科幻小说、童话等，就需要超强的想象能力，以及组织能力和逻辑能力。

不过我觉得你这篇作文还是有些瑕疵的，比如主题不够鲜明，有点梦幻的感觉，任何想象都是以事实为依据的，应该都来源于生活。就像我们看过的"三皇五帝"、女娲补天、封神演义等神话或传说故事，都是后人根据口口相传而充满想象的记载。如今考古发掘大量实物也证明了一些传说中的故事是有时代背景和事实依据的。所以说，不管老师如何打分，考好了不骄傲，没考好也不要紧，关键是找出没考好的原因。就像这篇作文，我认为还不错，这只是我的看法，还是要看评卷老师的认定，但只要扣住了主题，问题就不大，如果描述的"友谊"再多点内容支撑，再丰满一些，我认为会是一篇好作文。

你平时痴迷于玄幻小说，几乎不离手，就像当年我们看金庸小说一样上瘾。我不反对你看这种书，你这次写作文应该也受到了玄幻小说的影响。我常跟你说，看书要广泛，什么类型的都要接触，所谓厚积薄发，就是说积累的知识多了，才能运用自如，出口成章。建议你还是要改变一下看书习惯，不但要博览群书，还要看万卷书结合行万里路。

另外，我发现你有了一个变化，就是在调整学习的方法，像这次考试，考完一门课后，你就会马不停蹄地复习下一门课的内容，一直到深夜，这是原来见不到的。说明你明白了学习和考试的重要性，有了学习的紧迫感和危机感，学习更主动、更积极了，通过调整方法提高效率，这是我很欣慰的事。

孝敬父母天经地义

2023.1.5

儿子，你真像久困笼子里的鸽子终于脱笼而出，昨天考完试就急不可待地与同学去打篮球了，直到晚上9点才回家，中间我没给你打电话，主要是不想给你约束，让你可以放松地玩。而你也没给父母打个电话，是不是把这件事都忘到脑后了？记得以后出门要向父母报个平安。

前几天，我和你妈吵架，这本是一件平常的事，谁家不吵架？所谓家家有本难念的经。有的夫妻吵了一辈子，谁也离不开谁。当然，谁也不愿意吵架，我是想告诉你，对于父母吵架，既不要过于紧张，也不要认为与自己无关。这一次，你的表现，父母不太满意，父母吵架，你发脾气摔门出去了，我知道你烦，认为鸡毛蒜皮的事也要吵几句。但这时正是我们需要你的时候，你应该劝说父母冷静下来。你原来做得挺好的，这次也许是你真的很烦。当然，我和你妈以后会注意的，以后一定会考虑你的感受，有什么事多沟通，争取不吵架。

你15岁了，作为儿子，也应该承担自己的责任，以后父母老了，你将是家庭的主心骨、顶梁柱，我们的思想观念和做事方法可能会逐渐过时，甚至与时代脱节，很多事就指望你拿主意，更重要的是还指望你养老呢！
因为这是你的责任！

合理安排寒假时间

2023.1.6

儿子，明天就放寒假了，准确地说今天上午班会后就放假了。我查了一下，寒假时间共有 37 天。对于寒假的安排，我们提前商量过，春节期间 9 天时间，纯玩，什么学习都不安排，你可以尽情地享受你的快乐时光。

当然，有些事是一定要与父母商量的，比如，亲戚朋友给的压岁钱，原则上你自己保管自己开销，但怎么花也要听取父母的意见，我想这可能是你一笔不小的"收入"。不要认为这是干涉你的自由，你现在没有经济来源，对赚钱没有概念，对花钱不知道心疼。为了避免乱花钱或没有价值的开销，每一笔花销都要让父母知道，我们帮你参考一下值不值。

我没成家前就是这样，花钱大手大脚，往往是今天把明天的钱都花了，经常搞得捉襟见肘，入不敷出。后来成家后才知道家里需要花钱的地方很多，赚钱又很难，也才明白为什么父母当年恨不得把一块钱掰成两半花。你也要有这种节约意识，理性消费，不要养成大手大脚的习惯。

寒假的安排，除了春节时间，你有上课外班、进行足球训练和完成学校作业这三项任务。课外班的事是特殊情况，毕竟马上要中考了，需要突击一下，尤其针对自己的薄弱和不足之处进行必要的补充。

以前咱们在足球训练方面花了很多时间，也下了不少功夫，整整 7 年了，从未间断。现在面临中考，寒假足球训练只能兼顾，争取两不耽误。

还有寒假作业，这三件事需要你协调好，我把课外班和足球训练时间都错开了，相互不会冲突，但由于我和你妈都要上班，出门需要你自己打车或坐公交车去，记得提前准备好各类学习或训练物品，想细一点，不要丢三落四，给自己找麻烦。

总之，这个寒假时间不短，要做的事也不少，希望你认真捋一下，既要欢欢喜喜地过春节，又要安安全全地保健康，愉快地完成各项寒假任务。加油！

"独处"是一种生活方式

2023.1.8

儿子，寒假是一个考验人的阶段。由于爸爸妈妈都要上班，除了春节七天可以陪你，其他时间都需要你独自安排学习生活。

上周姥姥姥爷都生病了，我和妈妈开车回了老家。

我们离开的这两天，从电话里听得出来，你是开心的。我们回来后看到家里的情况比我想象中的要好，地面也干净，物品摆放基本与原来差不多，你自己床上的被子也是叠好的，虽然不算整齐，但还是有模有样的。你把外卖包装及其他垃圾都自觉地扔小区的垃圾桶了，这是以前很少看到的。父母不在家的时候，你有这样的表现，就是一种进步，说明你懂事了，成熟了，长大了！

但我还是要提示一下，每个人都会面临一个人生活的时候，即"独处"，就像你前两天自己一个人生活，自己照顾自己，这就是"独处"的生活方式，只是你"独处"了两天，还感觉不到这种方式是好还是不好。你说没人管自由自在，是因为你生活有保障，吃喝有外卖，如果没有工作，没有收入，这就是问题了。

再说，不能天天吃外卖，吃外卖只是临时性的，决不能长期吃，否则身体会吃出问题。

以后你大了，将无法避免"独处"的生活状态。如果父母出差或有什么别的事出门，你需要自己安排学习，除偶尔吃外卖，我希望你能多多做饭，也要洗衣、搞卫生等。别看这些都是鸡毛蒜皮的小事，但也反映了一个人的能力，这个能力是书本上学不到的。一个优秀的男人，也包括具备生活上的自理能力。

　　再有，"独处"不等于孤独，这是一种生活方式或状态，有的人就喜欢一个人静静地待着，或拿一本书，或端一杯茶，享受这份宁静和淡雅，我认为这种人是有生活品位的，是经历了风霜之后的成熟。而有的人则一刻也离不开人，喜欢热闹，也不能说这样的人没有品位，只是每个人经历的事和性格脾气不同。

生活中的几件小事

2023.1.9

　　儿子，今天上午发生的几件事我还是要与你交流一下。第一件事是课外班，我帮你打的车，整个时间和路线我是掌握的，并实时显示动态，还与你进行了分享，眼看你就要到上课的地方了，但却得知消息说老师被汽车撞了，你的第一反应是问老师怎么样了，得赶紧去医院检查一下，而今天的课先不上了，以后再补。说心里话，我是有私心的，好端端地就耽误了一节课时间。而且路上又花了几十块的路费，多多少少心里不太高兴。

　　而你的表现让我没有料到，你是对的，我们没有理由埋怨老师，对老师的尊重其实也是对自己的尊重。在这一点上，这种情况下你做得比我好！我也立即意识到了自己的问题，光想着自己的利益受损了，没去想老师承受了更大伤痛。后来我向老师询问了一些情况，没有大碍，这样我们也就放心了。

　　第二件事是保护眼睛。你现在已经近视了，虽然不太严重，但如果保护不好，近视进一步加重是必然的。这件事我说了好多次，但你只要心思投入一件事中就忘了保护眼睛。我也知道这确实是一件难事，中考的压力这么大，学习任务这么重……

可我们能不能想一些办法，比如经常做眼保健操，时不时地走动走动，让眼睛放松放松，课后少去触碰手机等。好在你有足球训练，一周有几次室外活动。说起来这还得感谢足球。保护眼睛最主要的还是靠你自己，要有保护的意识和合理安排时间，要不然就是一句空话！

第三件事是电梯遇险。你中午打电话说单元电梯突然停了，当时吓得够呛。这种事我也遇到不少次，记得以前给你讲过，有一次我在单位上班，电梯里只有我和一位同事，电梯突然直线下坠了1至2层楼，而后又下坠了一次，电梯上端的灰尘落了我们一身，确实挺吓人的。我们不断地摁报警器，后来工作人员来了，安慰我们说电梯有自动保护装置，不会一坠到底的。

工作人员还告诉我们，面对这种情况，身体要贴着电梯墙壁，弯曲膝盖，踮起脚尖，对身体有一定的保护作用，如果电梯有扶手就要紧紧抓住，效果会更好。你有了这样的经历，下次记得不用恐慌，心里一慌什么都乱了，好办法也想不起来了，甚至报警器都忘了摁。要记得这些，这也是生活常识！

2000 元的奖励

2023.1.10

儿子，期末考试成绩出来了，虽然学校没有公布成绩和排名，但可以私下了解，以便家长掌握真实情况，为孩子下一步的学习进行规划，也体现了学校和老师对孩子负责的态度。这次期末考试对我们来说是好事，检验你一个学期的学习情况。你昨天打电话兴奋地告诉我，一下进步了 70 名，所有科目的分数都提高了。

说实话我还真有点儿不相信，一边表扬你，一边想着这是真的吗。因为越临近中考竞争越大，想进步是有难度的，而你却一下子进步了这么多名，不得不让我多想……我带着怀疑的态度私下问了班主任老师。老师微信告诉我是真的，并说："这孩子还有很大的进步空间，但得拿出学习的拼劲儿和狠劲儿，对自己狠一点。"

这一下让我释怀了，并为自己的小心眼儿感到有点儿愧疚。我一激动，一次性给你转了 2000 元钱。当然这也是咱们之前的约定，最初说提升 1 名奖励 100 元，但现在我有点儿承受不起了。你也要理解父母的心情和难处，我们希望你学习不断进步，想尽各种办法进行鼓励。但当你进步这么大时，又觉得这办法不合适了，虽然金钱的奖励有刺激作用，你还是孩子，消费观不能被带偏了。所以，再三考虑，我们最后决定兑现给奖金的承诺，但进步奖金由原本 7000 元缩减至 2000 元。

让我更高兴的是，你的诚实可信值得更大的表扬。考不好没关系，找出问题吸取教训，为下次进步做好准备就行了。我原来想你是不是虚报了进步名次，向老师求证之后我真的很高兴，成绩是暂时的，诚实做人是一辈子的，这非常重要！

我在想你这次进步的原因，学习努力是一方面，还有就是学习方法改进。你现在知道了主动学习，这太重要了，不管任何事，主动性是占主导地位的，由自己掌控的，越做越有兴趣，越做越成功，积小胜为大胜，以后成功的概率就高了。相反，总是依赖别人，推一推就动一动，甚至推都推不动，或者脚踏西瓜皮滑到哪算哪，这种听之任之的消极态度会做什么都做不好，越做越没兴趣，更谈不上成就感，时间长了注定会失败。

还有，老师也说你的提升空间还很大，我也一直这么认为，就像马拉松比赛，不能刚起跑就冲刺，结果跑不了多远就没劲了。你是一步一步加大难度的，现在也到冲刺的时候了，距离中考只有短短 4 个多月时间，这里面的利害关系我不说你也明白。希望你继续保持这股学习的劲头，不但要把中考设定为人生中的一个重要目标，还要把学习当作增长本领、提高素质的手段，从中找到乐趣和成就感，去体会求知的乐趣和知识的价值，而不仅仅是为了升学，这样的学习才会形成良性循环。

如何适应"节前综合征"

2023.1.11

儿子，这几天出门是不是感觉有些特别？你前几天问我现在为什么这么堵车，大家都说这叫"节前综合征"，你细心一点就会发现，每逢节假日尤其是重大节日，路上的车就会多起来。这主要源于中国人的传统习惯，每到节日都会走亲访友，外出游玩，预备节日用品，聚会畅饮畅聊等。特别是春节，你想，老百姓忙了一年了，尤其是常年在外的游子，就指望春节全家团聚，陪陪老人孩子，享受天伦之乐，走访亲朋好友，让心情放松。你说这家家户户都动起来了，马路上的车还能少了？堵车就成了自然的事。

对于"节前综合征"，我们该怎么应对呢？一要调整好心态，有个心理预期，把过节的拥堵当作人间烟火。二要做好预备。比如，出去玩、上课外班或足球训练，时间上都要留有余量，原来打车提前5分钟就行了，现在至少提前10分钟，还要考虑路上拥堵的时间。只要认真规划好出行安排，把事情考虑细致一点，一般不会出差错，也就不会影响安排和心情。

雨雪中的足球（一）

2023.1.12

　　儿子，天气预报说今天晚些时候北京将迎来第一场降雪，而且还不小。下午3点多我看窗外，天空灰暗，不一会儿真就飘了一阵雪花，但雪花下得太少了，简直数得过来，而且很快就停了，像是预备着积攒着等到晚上来一场大的。

　　下雪一定是你期待已久的时刻，我们小时候也是一样，每到年底就期待着雪花飘飘，漫天飞舞，小伙伴们冲出家门迎着大雪肆无忌惮地打雪仗、堆雪人，别提有多开心了！你今天不但等来了第一场雪，晚上还要在雪中进行足球训练，这一定是美上加美的事吧！

　　为了晚上能全身心地投入雪中足球训练，你白天一直在加紧赶作业。但当终于等来了晚上的训练，期待的雪花却没有如期而至，和下午一样，仅仅稀稀落落飘了几片雪花，虽然有些扫兴，但足球场上依然热火朝天。

　　这次教练安排了内部比赛，作为一名后腰你进了2个球，还有一次打在门柱上，我认为这是很不错的结果。但心里又有另外一番滋味，既为你的足球技能进步感到高兴，又为咱们足球的大环境太糟糕而忧心。我知道每个人喜欢做一件事都不容易，尤其你为了喜爱的足球坚持到现在，而且还要坚持下去，又有多少家庭和孩子能做到呢？

你看，你们俱乐部算是不错的，每周3次训练，寒暑假还有集训。原来认识的一些俱乐部撤的撤，散的散，教练有的去了别的地方，有的改行了，你不得已也换了好几家俱乐部。现在俱乐部的发展趋势也不乐观，成员有的很强，有的基本不怎么会踢，有的就是过来减肥的。我与教练也探讨过，他说这种情况也是没有办法，作为社会俱乐部也很无奈，为了生存谁来都行，只要能交费，这也就造成了年龄和水平的参差不齐。

与你讲这些，不是让你放弃足球，是让你看清足球的现状，对未来有一个清晰的判断。你说中考后考虑去国外边学习边踢足球，这想法很好，但真正执行起来却很难。你知道我是门外汉，但我认为，你自己喜欢就是好事，你的身体条件好，所有去过的俱乐部的教练也都这么评价，国外情况怎样，我也不清楚，走一步看一步吧！

雨雪中的足球（二）

2023.1.13

儿子，昨天跟你交流了足球的情况，由于上班事情比较多，没有时间讲得太清楚，现在有时间我想再与你聊聊。

昨天晚上没有等到预期的大雪，后来甚至变成连绵不断的小雨，队友们的外套都被打湿了。而最让我感到敬佩甚至担心的是你的队友张同学，他每次过来训练都是自己坐公交倒地铁然后骑共享单车，训练结束后还得拖着疲惫的身体坐车回去，来回路上得花4个多小时，他这一路该吃多少苦？我每次问他，他总是轻描淡写地回答"没事"。

在这零下十几度的寒冬里，你们这一群真爱足球和真能吃苦的足球少年，这种不畏严寒、不怕风雪的足球精神值得表扬与让人敬佩。你想，寒冬的一个个夜晚，多少孩子在父母的呵护下，有的埋头玩着游戏，有的早早地钻进了被窝，有的享受着美食，当然也有很多伏案学习的孩子，你们却在为自己的理想，至少是为自己喜欢做的事而努力地拼搏。

作为喜欢足球的少年，我们能做什么？

你看原来的队友还有几个还在坚持训练？上高中后更是断崖了，有个别来的基本是为锻炼身体或放松心情。当然，已经在职业队的又是另外一种想法，即使在职业队的，比如你的几位前队友，不也是想回学校上学吗？而我们这种情况，又有谁想去走职业足球运动员之路呢？大家都玩笑说"有足球天赋的孩子都在学校的教室里学习呢"。

学习是丝毫不能放松的，这次期末考试你进步了70名，说明你的学习潜能很大，老师也是这么说的。足球训练要兼顾。如果在未来的1至2年内发现自己有高水平的职业潜质，我陪你去欧洲踢球。如果感到差距太大，就把足球当爱好。但我还是希望你坚持，从你喜欢上足球，虽然经历了无数的困难、挫折，甚至痛苦，你也没有放弃过。

既然喜欢就坚持到底，何况你受益不少，比如你的身体条件，如果没有足球你会有如今强壮的身体吗？爸爸妈妈平均才一米六的身高，如果不是玩足球你会长到现在的一米八二吗？大家都玩笑说我"小矮子生出了大个子"，你能否定与运动的关系吗？

我看出来了，足球场上你是快乐的，比如，昨晚与一支成年队的友谊赛，你又进了1个球，还击中门柱和有几次很有威胁的射门，临走时队友对你说"关键时候还是看你的"，你自己也对昨晚"一条龙"式的进球津津乐道，这就是足球的魅力。随着年龄的增大，你会对足球有更深的领悟和理解，你只要用心，什么事都能做好，加油吧！

线上家长会

2023.1.14

　　儿子，今天上午 9 点学校召开了线上家长会，老师提前两天就在群里通知了。可我昨晚出去见了老朋友，喝了点酒有些迷糊，今早又急匆匆出去买菜，结果把这件重要的事给忘了，想起来时家长会已经开了快 1 小时了，我连忙向老师道歉，还好赶上了"下半场"，这件事全怪我。这是个教训，你妈忙我也没给她说，以后这种事我们都要想着点，相互提醒一下。

　　上午的家长会，我想让你在一边听，可你有点不耐烦，认为该和你们讲的老师都讲过了，家长会是家长的事。但我觉得你颠倒了主次，作为学生，学校的一切事务都与你们息息相关。

　　这次家长会，副校长还做动员了，目的是鼓励你们保持良好的学习状态，调整好寒假心态和做好时间安排，既要不耽误学习，又要过一个平安、祥和、快乐的寒假。我也听出来了，老师是很负责的，对你们抱以极大的希望，尤其是期中和期末考试成绩出来后，你们这个班一直在进步，而且进步很大，老师的信心也被激发起来了，恨不得你们个个都优秀，都名列前茅。

　　老师有这种坚定的态度和信心，是你们的福气。作为学生，安心学习是你们当前需要做的事，也是你们的责任。既然学校和老师都这么努力地去提高学生成绩，你要体会这种良苦用心，把老师讲的寒假作业的安排和要求，扎扎实实地落实好，为开学积累更加丰厚的学习心得。

总之，班主任老师在家长会上多次表扬了你，让我对你更加充满信心。中午 12 点你和同学去天坛公园打篮球了，而且下午和晚上还要一起出去玩，我是支持的，即使取消了今天的足球比赛，因为你说有一位要好的同学要回老家重庆上学了，你们打算陪他玩一天。我心里也是有种说不出的滋味，毕竟你们在一起玩了好几年了，他突然离开，你心里是舍不得的。

你是重感情的，我完全支持你对同学的态度，希望你们彼此珍惜同学情，一直保持联系，多沟通交流，这也是一种缘分！

感受大家庭的温暖

2023.1.16

　　儿子，昨天又是忙碌的一天，虽然忙但很有意义。你看，你上午 10 点至 12 点在课外班学习、下午 2 点至 4 点足球训练，训练后我们直接从场地去大姑家，路上走了 1 个多小时，春节前哪里都拥堵，咱们是有心理预期的，所以心情还算平静。

　　为什么我说有意义？主要是昨天既是南方的小年，又是大姑 72 岁生日。虽然同在一座城市，由于疫情这三年来我们基本没怎么见面，平时也是电话联系，总感到心里过意不去，虽然春节前事也多，在你妈的坚持下，尽管大姑不让我们大老远跑一趟，我们还是去了。你妈早早地给大姑预订了巧克力蛋糕，你妈说这是大姑爱吃的，我都不清楚这些细节，说明你妈很细心，也很关心人，比我们父子俩都强。

　　说到你大姑，我必须多说几句。

　　在我们李家，你大姑名望最大，像一位母亲照顾着下面所有的弟弟妹妹，具体给我们多少帮助和温暖以后慢慢聊。总之，她一辈子刚直不阿，从不向人低头，性格的直率和刚烈让她吃了很多亏，受了很多委屈，但她从来不向弟妹们抱怨，虽然也会因为一些家长里短与大家争吵，但事后她仍像一位母亲一样宽容和大度。昨天你看到了，她怕我们花钱，首先是不让我们去，再就是不让我张罗其他晚辈过去，也是怕麻烦大家。但等我们过去后，她却非常高兴地张罗着一切。晚上姊妹和晚辈们纷纷祝贺，她一一接受，但唯独大家给她的红包一律不收。大姑甚至提前还给了你压岁钱。

　　姑姑昨天非常高兴，提前一天就准备着这顿晚饭，照相时还特意要单独与你合影。你妈说，看着姑姑张罗这个张罗那个，那个背影分明就是一位母亲对儿女的操劳。还有你姑父和雯雯姐对你的热情和关心，你点生日蜡烛时不小心烫了手指，姐姐立马给你找药，忙前忙后。所以，你要记住大家的好，你既是生活在有爱的小家庭，也是生活在有温暖的大家庭，用心去感受吧，好好珍惜！

理发是个困难的事

2023.1.17

　　儿子，再过三天就是春节了，这几天我总是想着理发的事，你看谁家孩子不是理个发穿新衣过年呢。每年这个时候，我都为此而发愁，原因你是知道的。

　　小时候都是我给你理发，而你又不愿意理发，这就变成了一件很麻烦的事。每次理发都安排在厕所，你脱得光溜溜，也为了好打扫卫生。而咱们家的厕所没有窗户，光线很不好，昏暗的灯光下我围着你转来转去，一定要让我自己满意才肯罢手。而你总是一遍遍地催问："好了没有？好了没有？"小爪子一会儿东抓抓，一会儿西挠挠；又好像屁股下长了虫子，扭来扭去。有时一不小心，我手一抖，头上一个坑，我是又急又气，骂你："臭小子再忍一忍。"理完后就说再也不给你理了，自己去理发店吧，可到了眼前吧，还是我自己动手，不是不舍得花钱，总觉得我自己动手心里踏实。

　　家里的这把理发推子是我在你出生前就买好的，一直用到现在。直到近两年你看不上我的水平了，这把推子才光荣"退休"。有时我照镜子，看到白发野蛮生长，这把旧推子又派上了用场。你小时候之所以不愿意理发，主要原因是头发渣落到脖颈上、后背上不舒服，可我也没办法呀！再就是怕洗头，洗头水不小心就会进到眼睛里，所以，每次给你洗头都是七哄八骗才行。

这两年，你大了，嫌弃我的理发水平不够专业，我只能带着你去理发店。我记得有一阵子你要求在两鬓理成 C 罗的 Z 字头型，我想你毕竟还是孩子，模仿足球偶像也可以理解。所以有几次都遂你心愿了。但后来你再大点，你妈坚决反对你留长发和特殊发型。经过几次斗争，咱们折中了意见，你不再留长发，也不弄特殊发型，但要求比学校的平头略长一点，你说你实在不喜欢平头，这样我们也算是达成了一致意见。

其实，我知道你心里是不舒服的，但我要告诉你，你的审美，也是要符合社会公序良俗的，就是说我们大多数人接受的观点和看法。比如弄个奇形怪状的发型，既不符合大众审美，也违反了学生的日常行为规范。

还有，为什么说这两天要理发呢？中国人的传统习俗中，就有正月不理发的说法。

我之所以把理发的事梳理了一遍，也是提醒你这两天务必把头发理了，理发师也要回家过春节，大部分理发店马上就要关门了，再往后只能我来理了，只要你愿意就行。而且要考虑理短一点，因为距离农历二月初二时间有些久，头发长得快。

准备回老家过年

2023.1.19

　　儿子，今天是腊月二十八，我们准备开车回姥姥家过年，上午我到单位处理完工作后就出发，你准备好自己的个人物品，不要带太多东西，带上日常换洗的衣物就行了。本来说不带作业了，完全放松地玩，但考虑到节后作业量会太大，你自己合理安排好。如果时间特别充足，可适当做一些作业，或复习相关知识，开学后会轻松一些。学习上的事靠你自己了，我和你妈只是督促和提醒，其他帮不上忙的。

　　另外，我带上瑜伽垫，方便你做体能运动，再带上跳绳，其他器械不方便携带就算了。想起马上回老家过春节，我们都有些激动，你妈老早就准备了，姥姥姥爷天天打电话交代不要买东西回去，说家里什么都有，大舅二舅买了一大堆，吃不完就浪费了。

　　说起春节就有说不完的话题，我在单位也有点心不在焉了。我还想起了一句顺口溜："二十三糖瓜粘（旧时一种用黄米和麦芽制成的糖，黏性很大，凝固后脆甜香酥，做成扁圆形的就叫糖瓜，这里为了押韵顺口叫成糖瓜粘），二十四扫屋子，二十五磨豆腐，二十六去割肉，二十七宰只鸡，二十八把面发，二十九蒸馒头，三十晚上熬一宿，大年初一扭一扭。"可见，咱们中国人对传统节日春节有多么看重。你加紧准备吧，我一会儿做完了单位的工作，咱们立即出发！

春节的味道

2023.1.28

　　儿子，当你还在甜美的梦乡里，一大早我就出门上班了。妈妈还没回来，现在只有你自己在家，早上起床后热个面包，喝杯牛奶，昨天晚上剩下的一小点土豆片热后吃了，最好不浪费。早上我出发前把米饭焖上了，中午我再从单位打些饭菜回去。

　　时间过得真快呀！眨眼这个春节就过去了，不管我们有多么不舍，时间就像是流水一去不复返。我们是昨天上午从姥姥家回来的，因为我要上班了，你也要进入中考冲刺模式了。姥姥老叨念怎么周六还上班，我反复解释，我知道姥姥是不舍得我们离开，但又有什么办法呢？天下没有不散的筵席。不管怎么说，我认为这个春节是开心快乐的。

　　以后，不管路有多艰难，不久中考的压力会像狂风骤雨一般向你袭来，我们会坚强面对。我们积累了经验，收获了成长，也更加成熟和理性了。回家的路上，你问我为什么告诉你原来不知道的家里秘密，我说你长大了，到了该让你知道的时候了。你又问是不是还有些事没有告诉你，我说等你再大点再告诉你。你们年轻人是国家的未来，也是每个家庭的未来，更是父母和这个家族的希望，成长的每一个阶段都承载着每个阶段的使命和任务。你以后除了学习，还要更多地参与家里的事务，当我和你妈老的时候，你自然地就承担起了家庭的所有责任，就像接力赛一样，我接过了你爷爷奶奶的接力棒，你又接过我们的接力棒，就这样一辈又一辈，一棒又一棒地传递下去。

还记得吧，我们是腊月二十八回到姥姥家的，到家已是晚上"新闻联播"时间了，村里虽然人不多了，但星星点点的红灯笼和各家屋檐下或树枝上不停闪烁的彩色灯光，告诉我们这个春节真的来了。从除夕到大年初六，我们每天都忙乎着，先是搞卫生，尽管姥姥姥爷早就屋里屋外一遍遍地打扫了卫生，你妈还是拖呀涮呀，犄角旮旯都不放过，好像要把过去所有的脏东西都一扫而光。我也是忙得不可开交，除夕晚上，咱俩掰着手指头算了一下，老的少的总共 14 口人，得分两桌，这是以前没有过的，我得提前规划好，把牛、羊、猪、鸡、鱼先炖出来，一下准备了 20 个菜，大家都对我说"辛苦了"，我虽然感到累了点，但心里很高兴！

与往年一样，我们一起吃年夜饭，一起看晚会，还一起放了烟花，初一大拜年，初二陪着姥姥去她娘家拜年。后来的几天我们也没闲着，但很快这个年就过去了，你总是感叹时间过得太快了，还说没有以前快乐，我知道是因为你长大了，思考的东西多了，学习的压力让你轻松不起来。但我过去就跟你说了，这就是生活，是人生的常态，你要学会领悟，不断调整自我，知道自己何时该做什么和不该做什么。在学习和娱乐之余多回顾和思考这个春节的点点滴滴，你会发现自己又有了新的收获……

一只再也不回家的鸟

2023.1.29

儿子，我们虽然从姥姥家回来了，但有一件事始终让我无法释怀，就是姥姥家养的鸟再也回不来了。

这件事的前因后果我跟你讲过，你没有太上心。我记得这只鸟是去年"五一"大龙哥专门从北京宠物市场给姥爷买的，我们趁着节日放假给姥爷捎回去的。你也知道，姥姥姥爷两人守着大山里空荡荡的房子，空闲的时候孤独而寂寞，这只鸟叽叽喳喳给他们带来了不少欢乐，也弥补了儿女不在身边的些许遗憾。

这只鸟我叫不上名字，红色的眼睛，全身羽毛为浅黄色，黄灿灿的羽冠和红彤彤的双颊特别明显，用手机扫描了一下，说是鹦鹉的一个品种，叫黄化玄凤鹦鹉，如果训练得好，还可以学说话，但听姥爷说试了好多次，这鸟也不学说话。我也将信将疑，想想姥爷平时除了喂食，也没多少时间陪着它，想起来才逗一逗，这种似亲非亲的态度，让它学说人话恐怕是不愿意的。

让人意外的是腊月二十九这一天，这只鸟彻底离开了我们，至今生死未知。这天，程程哥带着孩子回村过年，到姥姥家来串门，这孩子调皮，见到这鸟好玩，上去踢了几脚鸟笼，还拔了两根羽毛，鸟凄厉的惊叫声把我们都震住了。当时我们都在一边聊天儿，你在外面场地打篮球，只有姥爷冲上去吼了一声这孩子，可是一切都来不及了，鸟笼一侧的小门被踢开了，只见这只鸟腾地一下飞了出去。

我们满院的人四处张望，姥姥姥爷学着鸟的叫声呼唤着，可再也看不到那鸟的影子。后来听你妈说这鸟在飞出院子时还在空中回头看了一眼，你妈说得千真万确，我也信了。我知道动物是通人性的。

世间万物都是一个道理，你想要别人怎么对待你，你就要怎么对待别人，就连小小的动物也是一样，只有善待它，它才会以善来回报你。姥爷对它不够用心，它除了叽叽喳喳，是不会学人说话的。孩子顽皮刺痛了它的身体，更伤了它的心。在这个极寒的冬天里，它宁愿选择逃离，也不愿选择"衣食无忧"却没有自由和温暖的鸟笼。这是只人工饲养的鸟，在这寒冬里是找不到食物的，我连续几天早上去看看它有没有回来，直到我们离开姥姥家，它始终没有出现，我想它可能是冻死或饿死了。

我没法去责怪一个孩子，但我要告诉你，这件事让我很痛心，每一个动物、每一株植物都是一个鲜活的生命，都值得我们去尊重。你原来总说要养一只小狗或小猫，我和你妈一直不同意，原因就是它们既是宠物，更是生命，你从它身上得到了快乐，但它会是快乐的吗？我们既然没有时间去爱护它，就不要以喜欢的名义去伤害它。对人对物同样的道理，希望你能从这只鸟的事情里得到启发！

寒假足球集训（一）

2023.1.30

儿子，今天是个很有意义的日子。从今天开始，你要参加一位足球朋友组织的 5 天集训。每天上午 2 个小时，中午在场地吃饭，下午 2 个小时，训练强度应该不小，加之路上来回几个小时，对你来说是个考验。原来参加类似的集训都是集中吃住，这次的区别是每天往返路上时间长，会导致更加疲惫，你一定要有思想准备，把困难想足一点，尤其是回到家里后还有大量的寒假作业，所以不管是体力还是脑力，这个量都不小，没有吃苦耐劳的品质和良好的心态，是很难坚持下去的。

你要好好珍惜这次机会。一是这次集训机会难得，听朋友说他从外面拉了赞助，既不用花训练费，还有大巴接送，中午管饭，为家里省去了一笔费用。二是这次集训都是高中足球队员，虽然达不到专业水平，但也不会太差，应该不比俱乐部的队友差，训练的质量有一定的保证，对你球技提高会有很大的帮助。三是认识新朋友，俗话说"多个朋友多条路，多个敌人多堵墙"，你以后独立交往的机会会越来越多，这次认识一些高中的队友，大家交流球技，交流思想认识，探讨一些问题，包括学习方法，一定会对你有很大帮助的，只要你用心去想去做，你会发现集训后的你与之前的你一定有不一样的地方。

这次集训虽然会辛苦一点，但比较起来，少了玩手机时间，锻炼了身体，保护了眼睛，提高了球技，结交了友谊，收获一定不小。

另外，我认为你的足球水平是很不错的，身体条件又好，所以才会有人邀请你参加训练比赛。但他们这支队伍，队友之间相互熟悉，彼此了解，而你是新来的队员，刚开始会有些不习惯，甚至不好意思主动接触他人，有的队友还会有"吃生"等不友好的情况。这方面你也要有思想准备和心理预期，主动与教练和队友打招呼，眼里要有活，看到谁有需要帮助的事，主动去帮忙，而不是袖手旁观，事不关己高高挂起，因为那样会让人觉得这孩子不好相处，即使足球水平再高，也没人愿意搭理，时间长了就成"孤家寡人"了。

我还要提醒你保持谦虚和低调，主动适应环境，主动融入集体，多交朋友，多交流思想。但遇到一些习惯不好的队友，比如有说脏话的，不去理会他。我也知道你的脾气，你是从来不吃亏的人。总之，一个集体什么样的人都会有，什么样的事也可能发生，调整好心态，遇事冷静处理，我相信你会收获满满的，加油！

寒假足球集训（二）

2023.1.31

　　儿子，你昨天回家后跟我介绍了第一天的训练情况，你说对球队和自己还都比较满意。集训有 20 多个孩子参加，教练根据能力水平分成了高中队和初中队，你被分到了高中队，首先要祝贺你，这是你自己努力的结果，也再一次证实了做任何事只要坚持不懈地为之努力，为之拼搏，一定会成功的，至少是有收获的。

　　你也曾经一次次怀疑自己这么坚持足球训练还有没有意义。连我也曾多次想放弃，最后咱俩不也一路跌跌撞撞坚持到了现在吗？以后，这条路依然还会走得很困难，甚至比想象得更加艰苦。你想，中考后紧接着就是难度系数加倍的高中学习，你也应该听身边的队友说过，高中课程的难度远非初中课程所能比，想要理想的学习成绩，绝非容易的事，何况你还有足球理想，至少要一直保持喜欢足球的热度，需要付出别人双倍的努力，多花费别人双倍的时间才行。

　　目前咱们还要保持学习和足球训练"两条腿"走路，眼看着身边这样的队友渐行渐远，你会发现与你"志同道合"的孩子越来越少，你甚至会越来越孤独。比如，俱乐部的孩子，参加训练的越来越少，足球水平不但没长进，有的还下降了。训练和比赛的节奏完全不在一个频道上，你说向教练提出过这个问题，教练也说没有办法。就说这次集训，高水平的孩子没有几个，虽然有个别从职业队来的，但在整体节奏上还是对不上。

我知道你心里的苦闷，也安慰你调整好心态，这种情况下，要相信一切功夫都不是白费的。至于下一步，中考后，先找个有足球优势的学校，至少保持足球训练状态，学习上不松劲，如果在不久的将来发现自己真有能力走向高水平职业足球，父母一定会陪你坚持到底。如果这条路走不通，职业足球的梦想破灭了，咱们也不后悔，至少你学习没有落下，还有所有人向往的大学梦。再说，一般大学也都有足球联赛，你同样可以享受足球的快乐。

另外，你昨天说原来的一位队友原本可以一起集训，但前几天因为高山滑雪摔伤了，而且摔得还比较重，他父母急得不得了。你要从中吸取教训，任何时候安全意识不能松懈，你说这孩子是自己跑出去的，父母没跟着，就是说身边没人提醒安全问题。你们这般大的孩子正处在青春期，做事容易冲动，遇事容易兴奋，认为自己学得快，马上就飘飘然，不一会儿就上了中级道，再一较劲，又上了高级道，结果悲剧发生了。你要看到，你的好友摔伤的原因是什么，你遇到这种情况该怎么处理，同时，你要如何安慰你的好友，需不需要我们提供帮助，自己想一下。

寒假足球集训（三）

2023.2.1

　　儿子，你昨天集训回来都晚上六点多了，急忙吃了两个包子又马不停蹄地投入作业中。说心里话，父母挺感动的，你现在越来越懂事了，真的是长大了，知道如何安排自己的足球训练与学习。一大早出去辗转两个多小时到场地训练，晚上再拖着疲惫的身体回来，还要继续写作业直到深夜，对你这样一个年龄的孩子来说确实不易。

　　可又有什么办法呢？我昨天就说了，谁让你喜欢足球呢？当然你不后悔，我也不后悔，我也为你的成熟和坚定的意志而感到高兴，这是一个人走向成功的必备素质。你还兴奋地告诉我，昨天与一支传统高中足球校队进行了友谊赛，教练安排你踢中锋，最后4比3取胜了，你进了2个球。

　　我也看到了你身上满是尘土，你说腿上还有几处伤，对手人高马大，动作凶狠，有一次还直接把你撞到了门柱上。咱们原来也交流过，随着你的技术战术水平不断提高，对手对你的犯规会越来越多，也会越来越凶狠。你要有正确的认识和理解，足球场上什么都可能发生，要相信裁判，即使有的裁判出现判法上的问题，你也要学会接受，哪怕受了委屈。如果你选择报复，结果这正是对手激怒你的对策，你就中了圈套，或被黄牌警告或被红牌罚下，甚至更严重的后果。即使没有这些处罚，也会搅乱你的心态，让你不能把全部精力集中在比赛上，这样的话，是不是得不偿失？你已经打过了无数次的比赛，也吃过了无数的亏，但控制情绪是一门学问，而这又是你的缺陷。

有趣的是，刚买一个月的足球鞋的后钉都断裂了，也不知是鞋的质量问题还是其他原因。昨晚我打电话问鞋店，他们解释说 FG 的鞋只能在真草上训练，如果在人工草就容易这样，尤其是冬天地也硬，更容易断裂。我说了实话，告诉鞋店老板是在人工草踢的，他答应可以修补，同时建议我换成 AG 的鞋钉，这样结实一些，所需费用店里和个人各出一半。断裂的鞋我今天拿到了办公室，准备中午寄过去，你只能先穿旧鞋对付一下。

另外，前几天你跟我说足球界又出大新闻了，日本国脚三笘薰成了当前足球明星，他的超强突破和射门能力成了英超后卫的噩梦。我也关注了一下，昨天还把网上的一篇文章转给你了，你认真看看。三笘薰确实厉害，文章评价"三笘薰用狂飙的速度、娴熟的技术、冷静的头脑和完美的临门一脚，让阿诺德开始怀疑人生……"。我看后很受启发，他从小学习足球，高中毕业后上了日本筑波大学攻读体育学专业，一边参加训练比赛，一边学习运动营养学等专业课程，他知道自己的短处和不足，每天严格要求自己，科学规划饮食，针对身体对抗能力弱的劣势加强训练，还向专家教授讨教直线加速的秘诀，就连他写的毕业论文也是关于"如何在球场上突破过人"，可见他对足球和自己的研究有多深，又有多努力。他22岁才第一次代表日本川崎前锋在职业赛场亮相，25岁成大器，短短几年时间，几乎是一夜成名。

我认为，现代足球发展有了新的变化，梅西、C罗等的成名之路有其特殊背景，完全依靠天赋和机遇成名的会越来越少，像三笘薰这样的，从小踢球，有一点天赋，但成名前的"最后一公里"，主要靠他走的文化之路，对足球的深刻认识和理解，对自己优劣情况的完全掌握，就是说知道自己少什么，也知道需要补什么，加之个人的自律和不懈地努力，最终完成了华丽转身。可见，现代足球发展越来越离不开文化和科技支撑。你看，原来有一家俱乐部，场上的队员对三角形的理解还需要教练现场拿着尺子来比画，你说这种文化水平的人对足球的认识能深刻吗？虽然每天艰苦训练，甚至比一般人付出得更多，但他成功的概率又有多少呢？即使到了职业水平，又能走多远呢？更别说成为出色的球员了。

所以，这个例子很有启发性，让你们这些边学习边踢球的孩子有了借鉴的榜样，也看到了希望，只要坚持下去，用心去琢磨，针对自己的特点找到适合自己的训练方法和发展之路，即使达不到职业水平，人生之路也会越走越宽广。你看我说得对吗？

寒假足球集训（四）

2023.2.2

你说昨天下午与一支社会俱乐部高中队进行了一场友谊赛，最后3比2赢了对手，你又进了一个球，这个球还是自己连续突破后打进的，你说对自己比较满意。

我也要恭喜你，不但有连续进球，而且进球的方式多种多样，说明你在前锋位置不断地找到感觉，这是很好的事。另外，你说教练又安排你踢左边锋了，我想教练对你还不太熟悉，一定是想多考查你的个人情况，包括你的身体条件、速度、爆发力、球商和心态等。你原来中锋、左边锋、后腰都踢过，他肯定是想都试试，最后看看你到底更合适哪个位置。

你说昨天的感觉比较好，中锋总要背身拿球，或给别人做球，视线又不好，没有边锋视野开阔，更好突破。我认为，你要进一步琢磨，尤其多与教练沟通，教练一般是根据位置情况来选人，你去了多个俱乐部，多个位置都能踢，但自己也是飘浮不定，有时感觉这个位置好，有时又感到那个位置好，当然这也是正常的反应。你正处在成长期，世界观、人生观、价值观等各方面都还不完善。

当然，也不必担心甚至苦恼，我前几天说的日本国脚三笘薫22岁才第一次正式在职业队上场，他经历的彷徨和苦恼不比你们多多了？关于他是怎么笑到最后的，我还给你转了一篇关于他成长的文章，你再好好看一看，也许能从中找出自己成长的影子，受到一些启发。为了犒劳你这两天辛苦的付出和取得的成绩，我下班后直接去门口的小超市买了羊肉片和蔬菜，咱俩可以小小地祝贺一下。

为了赶时间，我骑车一路狂飙，只用了40分钟就赶在你到家前把涮肉的东西准备出来了，让你吃上了热乎乎的涮羊肉。只可惜你妈下班晚，要不然咱们一家在一起涮肉会更好，只能等周末咱们一家再好好在一起吃个团圆饭了。另外，前几天拿去修的鞋一时无法寄回，如果实在不行就再买双新的，有两双鞋也好有个替换，该花的钱一定要花，咱们既不当"冤大头"，也不当"小气鬼"。

寒假足球集训（五）

2023.2.4

儿子，昨天你们为期5天的足球集训结束了，我还特意请了假去球场接你，我赶到时你们队正与上次以3比4输掉的那支队进行比赛。

我站在球场外，透过高高的球网一直看了2个小时，你踢满了全场，进了1个球，还有一脚球射到了左门柱上，太可惜了，我都差点儿大叫起来，但怕影响你们比赛，一直强忍着这股兴奋劲。最后你们3比3平了，不过你们队最终通过点球取得了胜利。

这5天集训，你踢了4场友谊赛，值得高兴的是，你的球队都取胜了，你打进了5球，而且场场首发，为球队取胜出了不小的力。看你们比赛让我胆战心惊，感觉比看欧冠还刺激。最后这场比赛的前2节你踢的是右边锋，第3节又改成了中锋，我想教练一定是有自己的考虑。我看出来了，你的身体素质依然是出众的，虽然身在高中队，但大部分孩子身体素质和身高都不如你。

要说不足就是速度还需要提高，还有高空球的停接，包括头球的处理都是短板。我还发现，你昨天踢左边锋时太靠边线了，这个场地是八人制的，本来就拉不开架势，由于你太靠边线，总感到空间太小，接球后很容易被对手压迫，再出球增加了难度。虽然你有几次成功突破，尤其使用你擅长的"油炸丸子"过人非常漂亮，但很多次运球都出了边线，虽然没丢球权，也显出了不流畅、不连贯，如果你的站位再往中间靠一点，接球跑动再积极一点，活动范围也就大了，也许会发挥得更好。

　　在改踢中锋时，你的对手紧紧地盯着你，这是他的责任，但你过多地把注意力放在了与他身体的对抗上，背身拿球时一个劲地用身体卡住位置，除了"回做"，缺少摆脱或转身打门的果断。有时光顾着身体对抗，对球又"照顾"不够，被对手包夹后丢球。所以你以后要注意这一点，要"眼观六路、耳听八方"，看住人的同时还要盯住球，不然就会手忙脚乱。

立春咬萝卜的讲究

2023.2.5

儿子，昨天立春，立春说明这个冬天要过去了，万物开始复苏，即将迎接春天的到来。立是开始的意思，立春也是二十四节气中的第一个节气，是数九的末端，气温也会有明显的回升，昨天和今天你出门应该感觉到了吧。这说明中国的二十四节气不是凭空来的，它积淀了古人多少智慧啊，是中华文明的标识。

立春这一天，在民间还有"咬春"的习俗，一般是咬萝卜，大概是因为萝卜味辣的缘故吧，古人讲"咬得草根断，则百事可做"，寓意能吃苦，能防病，又有迎接新春的意思。我和你妈每年也都有这个仪式，只要你在身边也会在打春的这一刻往你嘴里塞一块萝卜，或别的什么替代品，你妈总是有办法。

昨天一大早，你姥爷打电话过来，你妈搞卫生没听到，我送你去上课，也没注意到，最后姥爷把电话打给了你。姥爷交代你要跟你妈说，10点43分打春，一定咬萝卜，怕你忘了，又重复了几遍，说话的声音大得像是跟人吵架，怕是你听不清楚，或是怕自己没说清楚。我在车里听着姥爷用老家话一遍遍地认真交代，一边感动着，一边觉得姥爷这般年纪的老人，对传统文化或民间习俗是多么重视，现代人尤其是年轻人又有几人能理解呢？

没过一会儿，姥爷再次打你手机，又是一次反复交代，一定要告诉你妈11点前不要出门，并一再叮嘱这是有讲究的。真是可爱的老人啊！你在车里给你妈发了语音，并告知她我回来的路上去买个萝卜，你妈说不用买，家里有苹果，苹果代替也行，我是不太懂这个习俗，但还是去超市买了个白萝卜。

回到家，你妈早准备好了苹果，还摆了另外一样水果，我没太仔细看。只见你妈盯着手机时间，等10点42分一到，便把苹果塞进了自己嘴里，同时也不忘给我塞了一块水果。我感觉味道不对，忙问是什么水果，你妈说是你大姑上次来时拿的雪莲果，时间来不及了，是水果就行。我想，这咬春不是咬萝卜吗，怎么什么水果都行？这有点不太严肃吧！我正琢磨这事呢，电视里的新闻也在介绍说10点42分立春，原来你姥爷把时间搞错了1分钟。我一看家里的闹钟，时间还不到42分，原来你妈的手机时间快了5分钟，我又赶紧把白萝卜切成几小块，42分一到，我们立即又嘎吱嘎吱咬起来。

想起这事真是好笑，要是你在家里更会取笑你妈，说不定又会给她取个什么"意味深长"的外号。当然，告诉你这些，主要是想让你知道这就是生活，点点滴滴都是爱，爱未必轰轰烈烈，其实往往藏在生活中的细小事情里！

我们一起看电影

2023.2.6

儿子，星期六晚上咱们一家人去电影院看了一场电影，在我的记忆中我们一家极少一起到电影院看电影，一是你还小，适合你看的电影很少，再说时间凑不到一块。还有就是你妈不喜欢到电影院看电影，她说乱哄哄的，像是菜市场。你之前看的几场"熊出没"之类的动画电影都是我陪着的。你上初中后，我们去年一起看了一场电影，电影名叫《怒火·重案》，你妈为了陪你也去了。

这次电影不错，中国人自己拍的科技大片《流浪地球2》，全球都在热播，好评如潮。你妈还是为了陪你，她坐中间，咱俩分坐两边，她说一家人在一起的感觉就是好，但还是不喜欢电影院观众挤来挤去和一不留神就把人吓一跳的大喇叭声音。

这部电影不单体现了国家的科技水平提升了，更多地展示了国家的总体实力和民族自豪感，体现了中国文化，传达了中国精神。美国的电影一般都是表现个人英雄主义，但这部电影体现了我国的主流意识形态和价值观，宣扬集体主义、奉献精神、全球化意识，当地球面临危难时，不是哪个英雄出来拯救，而是全人类不分种族、肤色共同来面对和承担。

所以，我认为咱们看电影不单是一种感官刺激，短暂享受，还要看出门道，提高认识问题的能力和判断是非的能力。

看完电影快晚上 10 点了，回家的路上，你妈一直牵着你的手，我们沿着马路边的人行道，一起漫步在昏暗的街灯下，寒风吹过也没有感到丝毫的凉意。街边门店不时闪烁的五彩灯光，来来往往的顾客洋溢着节日的喜庆。你妈兴致很高，还老要我给你们拍照，你又不愿意照相，你妈开玩笑骂你"白眼儿狼"。这场面总让我难忘，多么希望你永远长不大，又多么希望一家人永远相亲相爱！

开学前的准备

2023.2.7

　　儿子，下周一学校就开学了，要做的准备工作有很多。昨天晚上北京市公布了周一开始恢复限行的政策，咱们家车的尾号刚好是 0，所以这一天开不了车，我也愿意骑自行车上班，当然主要还是想锻炼身体。

　　你记得周一早上六点半就要起床，我也会叫你的，还与以前一样，把面包、牛奶或我们食堂买的包子一并热好，你不要赖床，为了让你多睡一会儿，时间我是按分钟计算的，学习用品在前一天晚上就准备好，起床后立马上厕所、穿衣、洗漱，同时别忘了喝一杯温水，这样对肠胃健康有帮助。总之，20 分钟之内把一切搞定，然后下楼赶在 7 点前出发。路上的时间我反复计算过了，没有特殊情况 20 分钟可以赶到学校，到学校之后的事就是你个人处理了，我完全帮不上忙了。

　　这几天，你要逐步调整到上学状态，把老师布置的作业认认真真检查一遍，看有没有没做完的，或遗漏的。有不懂的题目就问老师或同学，别不好意思，我一直说不懂不会不要紧，这不丢人，不懂装懂最要命。学生本来就是学习知识的，有不懂不会是自然的事，所以一定要打消被别人笑话这样的顾虑，踏踏实实做学问，学习真的没有什么捷径可走。而且父母也帮不上忙，我们最多是提醒或督促一下，尤其是你们现在学的知识，我和你妈基本插不上话了。你原来说同学的家长可以辅导自己的孩子，你好羡慕。是的，这是我和你妈的短板，所以我们才下定决心，进入中考冲刺阶段了，学习辅导的事无论如何要请老师，也算弥补父母的不足吧。

同时，你还处在长身体的关键期，睡眠也很重要，学习压力大这是事实，但一般情况下，我建议你赶在十一点半之前上床，就这样每天也只能睡 7 个小时，如果太晚了，对身体的影响会非常大的，这就需要你科学合理安排时间。你可以利用学校课间或其他休息时间做一部分作业，回到家后还要注意做作业效率，不要拖沓。这一点你原来做得一直不错，只要保持专注，我想作业再多，十一点半之前还是可以完成的。

开学后，你要边学习边总结，找到适合自己作息状态的规律，这样的话，会相对缓解一些压力。另外，咱们院里的孩子学习成绩都还不错，你要善于向别人学习，比如，周末你们一起玩的时候，或一起搭车上学时，可以交流学习方法，看看那些孩子有什么优点值得你借鉴，有时候人家不经意的一句话就可能给你带来启发，只要你留心留意，完全是可能的。

至于足球训练，就只有周末时间了，坚持一周训练两次，保持状态。没有办法，当足球遇上中考，只有选择足球让路中考。但只要你心里有足球，以后有的是机会，前期这么安排吧！

送礼物的学问

2023.2.8

儿子，我昨天下班回到家里，你催促我赶紧把妈妈预留的一大盘"钢丝面"吃了。这其实是一种北方的玉米面，因为风干后特别硬，所以当地叫"钢丝面"。这次的"钢丝面"是姥姥家自己种的玉米，找人加工压制而成的，你说妈妈特意交代，是用广东朋友邮寄的香肠炒的，特别好吃。

我既感动，又感叹。因为前一天你妈还要我上班时把一大包"钢丝面"带上，中午抽个时间送到我单位附近的一位朋友家去。结果早上从阳台取下来时，发现已经部分长霉了，这怎么能送人呢？这是过年时从姥姥家带回来的，扔了又太可惜了。最后你妈全都用水煮了，洗得干干净净，放入冰箱一时半会儿也坏不了，自己留着慢慢吃吧。

在与朋友交往中，都有正常的人情交际，都会礼尚往来，就像过春节，我们一家人不都是大包小包走家串门吗，这也是生活的一部分。

送给别人的礼物也是有学问的，不一定非常贵重，也不一定要花很多钱。比如衣物一定是要新的、合身的，食品要新鲜、干净卫生的，像这次发了霉的"钢丝面"

如果送出去，人家会怎么想？这朋友以后就没法相处了。送礼主要是体现对对方的尊重和情意。

我要告诉你，我们对任何食物都不要浪费，除非是已经变质的食物，对人的身体健康有害处的，这绝对不能再食用。你看，咱们家的冰箱还有一个特殊功能，总是存放一些剩饭剩菜，是因为你妈不舍得扔，冻起来等有机会回姥姥家带回去给狗和鸡吃，这也是一种节约。还有，你与同学聚会，告诉大家吃多少点多少，你自己带头节约，大家也会跟着学的。

另外，这段时间你打车多，由于赶时间，我也没说什么。拼车的方式比较多，你也主动说要拼车，这样节约费用，这说明你的头脑里已经形成了节约和不乱花钱的意识。我算了一下，拼车平均能省三分之一的路费。这个账还是要算的，对你来说时间很宝贵，别一味地为了省钱，耽误了时间，影响了学习，这样就捡了芝麻丢了西瓜。所以，做任何事要平衡一下利弊，当然，节约是永远都不要忘的，节约不但是一个人的美德，也是一种生活素养，这个习惯一旦养成，你一定会终身受益的！

说话也是有讲究的

2023.2.9

儿子，你现在有一个不好的习惯，不管是我跟你说话，还是你妈跟你说话，总是回一句："不然呢？"前几天我特意给你发消息提醒过你，这是一种挑衅的口气，以后不能这么说话了。你回我消息说："知道了。"但后面还带了一个发愁的表情。这说明你还没有完全意识到这是个问题，或嫌我太啰唆，大小事都要管。可我是你的父亲，我发现问题不指出来，不去纠正，你说我还是称职的父亲吗？你又能指望谁指出你的问题，纠正你的问题？

父母是啰唆点，但往往就是这一句句的啰唆，才会让你少走弯路，少犯错误。今天我还要继续啰唆"不然呢"这个话题。你想，如果用这种口气对别人说话，十有八九非打即吵。不是我说得严重，你可以设想一个场景：有一天在与一位陌生人的交谈中，对方反问你一句"不然呢"，你会做何反应？一定是感到对方在挑衅自己，凭你这脾气，你能干吗？

所以，小事不小，何况我并不认为这是小事。与人交往是一门学问，说话也是一门艺术。为什么有的人一张口就那么让人爱听，而有的人一开口就那么让人讨厌呢？你在电梯里见到长辈都叫"叔叔好""阿姨好"，所以咱们单元的人都说我有个又高又帅又懂礼貌的好儿子，你说我和你妈会是什么心情？你礼貌地称呼别人，对方又对你报以微笑，你的心情是不是也格外好？而有的孩子乘电梯不是抢着进，就是抢着出，见人从来不打招呼，你身边就有这样的孩子，你认为这样的孩子大家会喜欢吗？恐怕大家都不喜欢吧。

我希望你好的方面要继续保持，存在的问题，特别是我和你妈指出来的问题，自己要接受，还要去改正。一个人人格的完善就是从生活中的点点滴滴改变开始的，不要怕麻烦。

我还要告诉你一个生活小常识，昨天我和几位叔叔聚会，为什么碰杯的时候我总是把自己的杯子比别人的杯子略低一点，这是对别人的尊重和礼貌。你以后也要这么做，原来你小我没有教这些，以后会教你更多的为人处事的小细节，不要嫌烦啊！

吃苦受难的价值在哪里？

2023.2.10

儿子，昨天下午你说脚上肿了一块，是因为前天训练被队友踢伤了，因此你想休息一次。我回复说你自己决定，训练既要坚持，也要科学，如果受伤了也不要硬撑。

这件事让我联想到一些事，不说出来总感到心里不痛快。你是能吃苦的，我主要指在足球训练方面，你对自己喜欢的事肯下功夫，但对自己不感兴趣的丝毫不爱搭理，更不用说认真去做了。其实每个人都生活得不容易，想要未来有很好的发展或美好的前景，除了喜欢的事，有时候明明知道自己不喜欢某些人或事，也得去接受甚至认可，这就是人活得不容易的一个重要原因。

你看，为了身体健壮，让肌肉更有力量，我们经常去健身房，不可谓不下功夫。虽然断断续续，但也坚持好几年了，哪一次训练不是痛苦的过程？有时还痛得哇哇叫。健身房的标语还记得吗？"如果怕痛，你来干什么""现在哇哇叫，以后哈哈笑""改变从现在开始"。刚开始看这些标语，我们还觉得好笑，后来自己便体会到了……

人的精神也是一样，要经历痛苦、挫折的磨砺和锻造，只有经过淬火，才可能浴火重生，凤凰涅槃。精神要经历挫折、逆境、痛苦、失败，才能坚韧不拔。你说你不喜欢就不想做，按常理说没有错，这样多自由、多舒服呀！可能每个孩子都这么想，但随着年龄的增长，心里只想着玩，玩着玩着，回头再看，有的人已经走在了前面，有的人甚至已经甩你好几条街了，到那时，说什么都晚了。

所以，对自己不喜欢的人和事，也要去接受。压力造成的痛苦等磨难，是成长道路上必须经历的，负面的境遇一定有正面的价值，你也经常给我背书中的"故天将降大任于斯人也，必先苦其心志，劳其筋骨，饿其体肤，空乏其身"等，说明其中道理你是明白的。但仅仅明白还不够，要用到现实生活中，以此激励自己。因为你以前小，我基本没讲过这些，现在和以后，我可能会更多地与你交流精神和意志力的问题，你一定要多思考。

开学第一天

2023.2.13

　　儿子，今天是正式开学的第一天，虽然周六已经去学校报到了，交了作业，搞了卫生，老师做了新学期学习动员。但严格意义上说，今天才正式上课，这意味着一个新的学期开始了，中考正式进入倒计时阶段，拉开了最后冲刺的序幕。别说你，我和你妈都有点紧张，但这种紧张又在情理之中。常言说"母子连心"，儿子的每一个举动都会牵连到家庭的神经，何况这样一件人生大事呢。

　　我早上6点起床，给你准备好面包牛奶，6点25分准时叫你起床。为了不影响你的身体状态，我没有让你骑车上学，叫了拼车。咱俩一起走到大门口，天还没有亮，寒风阵阵，但昏暗的马路上已是车水马龙。你说："爸，一起坐车走吧！"我说我要锻炼身体，骑车走。直到你乘的车辆消失在眼前，我才连忙扫车出发。其实，我心里是很温暖的，你看天气寒冷，怕我太累，希望一起走。虽然是简单的一句话，但这说明你懂得心疼父母了，这是你又长大了的标志。

　　开学了，虽然前段时间与你交流过需要做的准备工作，但今天我还是要再多说几句。

一是要调整好心态。昨天上午看牙回来的路上，说到开学你就好像有一肚子气，像是天要塌下来似的。更让我接受不了的是，你竟然气鼓鼓地吼我说："为什么要上学？"我气得骂你："放屁！上学有什么不好？"

你知道，我很少说脏话，但竟对你说出这种不可思议的话。随后我没有停下来，尽管你妈妈在一边劝我，我还是怒不可遏。好在你没有再说一句话，我知道，这不是你的本意，只是学习压力太大说的气话而已。关于学习的问题，我俩交流过无数次了，道理你也明白，我不再多说，现在我告诉你需要进一步调整心态，开学后不是学不学的问题，而是如何学的问题。面对即将到来的中考是勇敢向前还是掉头逃跑，其实你心里早就有答案了。如果你还是困惑，或在开学后出现新的困惑，就跟我说，我应该是值得你信任的，你说呢？

二是要紧紧跟上老师的节奏。一步也不要落下，原来我就说过了，老师的能力水平不用怀疑，你只要跟紧了就没问题。当然，不是掌握了学习方法就一定考得好。现在你只需要后天的勤奋和努力，思想不懈怠，学习不偷懒，课堂上难以理解的，可以抽时间课外弄懂，一定要解决疑点，万万不能做"差不多先生"，不能给自己找借口、留后路。

三是时间安排要合理。这点我们一起商量，我和你妈会全力给你做好保障，当然你妈也会很忙，我会想尽办法保障你的学习和生活。周末有时间的话，咱们还要去训练，不为足球也得为身体，尽可能地劳逸结合，有一定的放松时间，还能增进学习效果。

中国男人该是什么样子？

2023.2.14

儿子，这几天又一位体育人物登上"热搜"。他叫吴易昺，是一位中国人，在ATP250男子网球达拉斯站男单决赛中击败美国选手，成为首位夺得巡回赛冠军的中国大陆男子网球选手。

新闻里一片赞扬声，对中国网球的进步给予了高度评价，大家更是对吴易昺赛后的幽默感言纷纷点赞。我也看了他在电视里的赛后感言，确实精彩超凡，他自信、大方、沉稳、幽默，一口英语十分流利，很有国际范。但令我印象最深刻的却是感言的最后部分，他说："我开心并不是因为赢下这场比赛，而是因为中国网球终于可以有人站出来，很幸运这个人就是我！"吴易昺的这段表述，我认为最为精彩，前面的幽默有些调侃的成分，这段发言则体现了当今中国年轻人的精神气质和自强自信，既表达了中国网球整体实力不可阻挡的发展势头，又让人感到他这个领军人物的拔地而起，如热播电视剧《狂飙》一样"一路狂飙"。

他最后礼貌地问工作人员："我能说中文吗？"在得到允许后，他又用中文表达了对中国网球球迷的谢意。这个画面则又让我看到了他的高情商，一位中国选手在美国的土地上用英语这个国际通用语进行表达，合情也合理；而后他又用自己的母语对所有人表达一番谢意，让人知道了他是个地道的中国人，还略带地方口音，显得既亲切又可爱。

中国现在的年轻人到底是个什么模样？我觉得就应该是吴易昺这样的！体态威武雄壮，小胡子楂，感觉才是充满刚毅和勇气，一脸的豪气，自信满满。

第一次感受到你对父母的"讨厌"

2023.2.16

儿子，恭喜你连续两天出现在老师公布的优秀名单中，这说明你已渐渐进入学习状态。记得老师第一次公布的优秀名单中没有你，我和你妈是多么焦虑，以为你开学后还沉浸在放假的悠闲状态中。我在回家的路上小心地问你为什么没在优秀名单中，你没好气地大声反问："为什么次次都要优秀？一次不优秀又怎么啦？"

你把我问得哑口无言，我也知道自己不该这么问，其实我在去接你的路上就提醒自己不要问这个问题，班里天天有测试，不可能次次都优秀，这个道理我怎么会不懂呢。可到了眼前，我还是问了，也请你理解一位父亲因对孩子的期盼所带来的焦虑。

你回到家，没想到你妈与我一样，进门就问了同样的问题，她比我更直接、更迫切，当然，你的情绪反应也更大。后来，你说不愿意跟我们聊天儿，跟父母聊天儿没有快乐，只有压力，与同学伙伴在一起最舒服，想说什么就说什么，没有顾及，无忧无虑。

这是我第一次听你这么直接地表达对父母的"讨厌"。我陷入了沉思，你的话把我惊到了。我原来总认为我们在一起是快乐的，虽然有点小摩擦，但很快大家就释怀了。即使谈到学习，也只是斗斗嘴，没有像现在一样让你心烦意乱。你又说跟父母聊天儿太累了，有时还要看我们的脸色，小心翼翼怕说错话，还比喻你就像餐厅的服务员，要看顾客的心情好不好，顺着顾客的话来说。

你说完，我一时都没缓过神儿来，怎么会这样？我在心里问自己，原来我们是这样的人啊！我承认，我和你妈平时确实容易情绪化，尤其在你的学习上，有很多不冷静的地方。你的这次怒气表达，也让我认识到了不能总把你当孩子，你有自己的思考，有自己的判断，以后我们应该商量着来。当然，你也要理解我们为了你才会有焦虑，才会有急躁的情绪。

我们的问题，我和你妈一定会改。在学习上，只要你用心了尽力了，不管成绩怎样，我们都认了。你呢，调整心态，正常上课、做作业，中考前的学习时间紧张，作业量很大，要逐步适应这个节奏，就像高水平的足球比赛，节奏和对抗性会猛地上来，但只要心里准备好了，适应起来也不是难事，因为你有这个能力，这一点我是相信你的。

同时自己不要再给自己加压了，就像一个气球，气吹得太多最后会爆的。还有，你也别像以前一样，动不动就冒出一句噎死人的话，本来平淡的一件事就容易引起误解。你正走向成熟，你自己有时并没有意识到，我慢慢感受到了这种变化。冲突和摩擦以后一定还会有的，你会像一只破壳而出的雄鹰，但需要自己从里面把外壳啄开，才能完成最后的展翅高飞。经历了痛苦和挫折，你才会成长为一个真正的男人。万物皆有定律，人也是一样的！

学习到凌晨不可取

2023.2.19

儿子，我到现在还迷迷糊糊，你昨晚学习到凌晨1点多，这么下去身体会垮的！你知道我是从来不熬夜的，就这么一直陪着你，书看累了，眼睛也痛，想看会儿电视换换脑筋，又怕影响你，就在客厅一直坐着，等着，盼着。

你妈也是12点后才回家，她也很辛苦，咱们这一家人呀！

你一直还很兴奋，睡觉前又洗了个澡。你认为自己身体没问题，那是因为才第一天，我的印象中你是第一次学习到这么晚，如果长期这么熬夜，再年轻、再强壮的身体也经受不住的。但你却说最后冲刺了，没有别的办法。

你能这么说，我还是有些感动，你知道自己想要什么、在干什么。一直坚持吃苦的态度，保持吃苦的意志。可我确实担心你的身体，第二天早上六点半还得起床，算起来能睡几个小时？你现在正处于身心发育的关键期，而且3至6月又是长个子的黄金阶段，这能不让我和你妈担心吗？

我先提出一些建议，一是在学校作业完成后不要再加量，争取在十一点半前上床睡觉。如果作业实在太多，在学校找时间提前做一部分。二是如果白天没有出大汗可以不用每天洗澡，节约时间。另外早上推迟到 6 点 40 分起床，不能赖床，早餐可以考虑在车上吃。三是周五晚上少做作业早入睡，因为周末时间宽裕一些，周六、周日早上进行补觉。四是正常参加周末的两次足球训练，保证身体有一定的运动量的同时，还能保持足球技术的熟练度。如果行的话，咱们就这么执行，如果觉得不太妥当，咱们再商量一下，看有没有更好的办法。

准备迎接春天的到来

2023.2.20

儿子，今天我骑车到单位后才发现你给我打了3次电话。路上各种喇叭声、铃声等乱七八糟的声音此起彼伏，致使我没有听到手机来电声。我直到看到你留的语音，才知道我把给你打车的地址搞错了。

这事全怪我，我手机字太小了，眼睛又有些老花，没看清楚，加之今天周一大堵车，打车很困难，一着急弄错了。这是个教训，以后手机上的字我会再调大点，再就是早准备，尤其周一这种特殊时段，时间再提前点，保证不出今天这样的问题了。

前几天给你买了4盒叶黄素，叶黄素没了你就提醒我及时买。但我还是要强调平时要注重对眼睛的保护，原来也跟你说过这个问题，眼保健操要坚持做，电子产品不要使用时间过长，定时起来活动活动看看远方，仅仅依靠这种保健品是不行的。

昨天是雨水节气，"雨水"的意思主要是指降雨开始，你在北方生活感觉并不明显，现在北京的最高温度才5℃左右，早晚还是比较寒冷的。但南方却是另外一番模样，长江以南基本在零上十几摄氏度了，大部分地区已是春意盎然。农民抓住春雨贵如油的大好时机早早走进了田间地头，城里人趁着周末时光邀三五好友游走在诗意般的乡间小道，或在花团锦簇中合影留念，嬉戏打闹，真是一派生机勃勃的景象。你可以留心看看这段时间的《新闻联播》最后几十秒，都是南方各地春光明媚，桃花、樱花、杏花、油菜花等相继盛开的美丽画卷，让人仿佛走进了春天的花海里，感受到袭来的暖暖春意。

等再过些日子，北京的迎春花、玉兰花、樱花就要争相开放了，抽一个学习不太紧张的时间，我们一家人到周边的公园里走一走，或爬爬大山登高望远，与大自然亲密接触，也亲身感受一下春天的味道，体味这春暖花开的美好时光和别样的生活情趣。

当父母老了

2023.2.21

　　儿子，昨晚睡觉前你读了一遍《出师表》，由于刚刚开始学，感觉有些拗口，很不流畅。这篇文言文比较长，背诵起来有一定的困难。原来有一位家长跟我说，他儿子在去足球训练的路上就背完了，大概一个多小时吧。你说不相信，我倒认为是有可能的，有的人确实有超强的记忆力，再加上其的专注度和有效的背记方法，应该问题不大，但我还是那句话，经常性地背诵才能记得牢固。

　　语文书本里的这篇文章有好几页长，背起来有点零乱，我今天归整了一下，把原文和译文区分开，你先看懂这篇文章的主要意思，对不认识的字在旁边用拼音标记上，再通过译文把每个字和每句话的意思搞清楚，这样在理解的基础上进行背诵，效果会好不少的。

　　我早上起床后，妈妈也赶紧起来了，看上去又疲惫又邋遢。妈妈白天没时间，有时晚上回来你已经睡着了，只有抓住早上这点滴的时间陪陪你。你吃着面包，妈妈就在一旁默默地看着，想交代什么，又怕增加你的压力，总是欲言又止。你要理解妈妈的心情，以后她想说什么就让她说吧，别她说一句你反驳十句。我们都知道你学习压力大，但交流还是必要的。

再说，妈妈也真是不容易，里里外外都得操心，早上我跟你妈讲了一篇我看的文章，主要意思是：

一位妈妈带着孩子去上幼儿园，孩子哭着不愿意去，说："妈妈，我真的不想去上幼儿园，我想跟妈妈在一起。"最后妈妈还是狠心地把孩子送去了幼儿园。后来妈妈老了，孩子也成家立业了，工作和生活压力都很大，孩子对妈妈说："妈，我没时间照顾你了，只能送你去养老院，行吗？"妈妈伤心地说："孩子，妈妈不想去养老院，妈妈想跟你在一起！"

你妈听了以后感叹不已，说这就是生命的轮回，谁也无法躲避时间的无情和现实社会的残酷。你也看到了，父母都要上班，不是每天都能陪着你，尤其你妈更忙些，你要多理解、多体谅。你长大后，也会有自己的事业，有自己的小家，你是个孝顺的孩子，你的时间精力也是有限的。更何况很多事情由不得你，就像前面说的，我们个人太渺小，遵循规律才是唯一的选择，就连我们生存的地球都只是茫茫宇宙中的一粒尘埃，人的生命就是这粒尘埃上的微生物呀！

所以，我和你妈早早地规划将来怎么养老了，尤其是把自己的身体搞好，少给你添麻烦，这也算是对你的最大支持吧。虽然现在说这些有点早，但简单聊聊，也让你知道一些学习之外的事，以后你再大点，我会与你深入交流！

民间习俗的魅力

2023.2.22

儿子，昨天是农历二月初二，也就是我们所说的龙抬头。龙抬头这一天理发是一种传统习俗，又称剃龙头。

春节前让你理发，是为了除旧迎新，打扮得干干净净，而二月二理发则有祝小孩健康成长，长大后出人头地等寓意。我的朋友还给我发了一条很有意思的祝福消息，分享给你："龙抬头，开启一年好兆头。全家康健是龙头，前途光明有奔头。美好生活在心头，风调雨顺福长久。愿未来的日子鸿运当头，更上一层楼。"

你应该记得，每年这一天，我们都会理发，已成了习惯，这也是一种习俗。这么多年来，你已完全接受，像昨天，又不是周末或节日，白天上学晚上写作业，根本没时间出去理发，怎么办呢？如果这一天不理发，别说我，你都不习惯了，你提出让我来理，也不管好不好看了，说明你内心很在乎这个"讲究"，这就是传统文化的力量。

为你理了十几年的头发，我也快打磨成理发师了，还好结果让你还比较满意。当然你要求也不高，只需要把两鬓和后脑勺简单往上修剪修剪就行，周末再找时间去理发店加工，现在看你对着镜子照来照去，不想再去找人加工了吧？我也是，对着镜子自己动手把两鬓推了一点，算是"龙抬头"了。

有时候，我们还真是不能小看这些民间习俗，有些人认为这是迷信，我认为不然。一种民族文化的形成是历史的积淀和传承，有着深厚的时代背景。在古代，尤其远古时代，没有人像现在一样知道人的起源是怎么回事，也没人懂得自然现象是怎么回事，从国家大事到个人小事，都要以占卜或其他祭祀仪式决定做还是不做，或怎么做。人们对自身、社会现象和自然规律既搞不清楚，又解释得五花八门，当然也有大量鬼神的迷信内容，也有文字记载的神话和传说等。

科学探索是无穷无尽的。人的起源是怎么回事？宇宙和大自然是怎么回事？至今都在不断出现新的解释，让人感到越探索越搞不清楚，懂得越多越是一团谜，这也许就是科学探索的魅力吧。如果你感兴趣，以后可以考虑加入科学探索的行列。

所以说，民间流传下来的东西，不一定有科学依据，但尊重它、爱护它、传承它、保留它的仪式感不是坏事，何况能流传到现在，不也说明了传统习俗或民间文化的生命力和存在价值吗？而且其还体现了一个民族或一个地方的文化特色，极大地丰富了人们的精神生活。

我不是民俗专家，这只是我的个人理解，你如果要真正了解传统民俗文化，还是要请教专家或查阅资料，我就说到这了，希望你今后对我们的传统文化有更深入的了解。

准备迎接英语机考

2023.2.23

　　儿子，你今天早上被尿憋醒了，由于还有十几分钟就到起床时间了，你干脆就起床了。可是你的睡眠时间是不够的，以后晚上不要喝太多的水，在睡前一定上一次厕所，这样保证晚上不起夜。可不能小看这十几分钟，对一个孩子很重要，尤其你处在长身体、增智慧且学习压力大的状态下。

　　你也珍惜了这十几分钟，洗漱后就大声朗读起课文来。我原来也鼓励你要学会大声说话，朗读就是一种方式。默读能让人思考，但也容易走神，眼睛看着看着思绪一下就飞走了；朗读能让自己集中注意力，还能增强自信心。你一向不爱在人多的场合说话，更别说表现自己了，通过朗读提高自己的表达能力，心理素质也会提高，希望你能坚持下去，把默读与朗读结合起来，学习的效果会更好。

　　今天早上的朗读，虽然时间不长，还是有些成效的。鲁迅曾说："哪里有天才，我只是把别人喝咖啡的工夫用在了工作上罢了。"你看，这是一个利用点滴时间学习和工作最后取得成功的有力举例。希望你有所感悟，再接再厉，把时间利用好，相信以后会得到更多的回报。

还有一件重要的事，昨天老师在群里发了两个通知，一个是说本周日就要英语机考了，告知了时间、地点和注意事项；还有一个是考试规则。学校一定也给你们讲过了，但你要再认真看一看，规则有什么具体要求，毕竟机考是一种全新的形式，严格按老师的提示去做。同时不要犯一些低级错误，考试方法我就不说了，相信老师已经交代了无数遍了。机考前的这几天，什么都不安排了，你就静心地准备吧，相信老师，相信自己！

学会为别人着想

2023.2.24

儿子，你昨天下午打电话把我吓了一跳，还以为你生病或是闯祸了。昨天的事你处理得不错，知道用学校的公用电话通知我晚七点半放学，要不然我还以为你们晚七点放学呢。

处理事情就是要这样的，要懂得为别人着想，如果你不及时通知我，我一定是赶在晚七点前到学校门口等你，这样的话，不但浪费了时间，也多交半小时停车费。还有，到校后手机上交老师了，你没有找老师取手机，而是使用学校的公用电话，这也是正确的。学校规定进校后手机一律交老师保管，你没有找老师取手机是遵守学校的规定，如果你去找老师说明情况，相信老师也会允许的，但你自己悄悄处理，既遵守了规定又及时通知了家长，两不耽误，值得表扬！

另外，今天下午我得回姥姥家一趟，前几天与你说过了，大龙哥明天举办婚礼，这对大舅和大龙哥，还有姥姥姥爷来说是一件天大的喜事，大家常说人生四大喜事——"久旱逢甘雨，他乡遇故知，洞房花烛夜，金榜题名时"。大龙哥的大喜事就是洞房花烛夜。你以后考上大学，按这个说法就是"金榜题名时"。

今天晚上就是你一个人在家了，妈妈前几天就回去帮忙准备婚事了。尽管妈妈工作忙得不可开交，她还是抽出了时间，自己坐长途大巴赶了回去。昨天你妈还给我发了视频，他们正在往一个个小口袋装喜糖呢，大家说呀笑呀，好不热闹呀。

我因为工作原因离不开，所以只能趁着周末时间赶回去。这两天我们不在家，你要自己安排好学习，后天英语机考有多重要我就不多说了，前几天也交流了，晚上不能因为父母不在就放任自己，如果学习累了就休息，掌握好学习的节奏，控制好游戏时间，晚饭我帮你点外卖，11 点前要上床休息。如果生物钟打乱了，整个人的精神状态都会受影响的，就像前段时间有一次你学习到凌晨 1 点钟，把我也折腾得够呛，我还怕你白天上课打瞌睡，好在后来咱们及时进行了调整，要不然就打乱仗了，学习和身体都受了影响，成了事倍功半。不多说了，你原来也有过自己一个人在家的经历，应该没有问题。

爱的主旋律

2023.2.27

　　儿子，周六我和你妈回到家已是晚上 7 点，天完全黑了，在快进京的时候我和你妈就一个劲儿地给你打电话，一会儿我拨一次，一会儿她拨一次；又是拨手机号，又是拨微信语音，但一直没人接听，你想不到妈妈有多着急，不停地催问我："怎么不接电话？会不会有什么事？"

　　我也是忐忑不安，加上路上又堵车，真是心急如焚，恨不得立马飞回家里去。当打开家门的那一刻，只见屋里一片漆黑，我的心更是狂跳不止，打开灯，见你静静地躺在沙发上睡着了，身上只穿了一件背心，我们悬着的心才放了下来。你妈冲到你跟前，轻轻地抚摸着你，一遍遍呼唤："我的小乖乖呀！我的小乖乖呀！"说心里话，我真有点后悔把你一个人留在家里，虽然你总说自己大了，能照顾自己，但看到这一幕，你叫父母以后怎么放心把你一个人留在家里呢？这件事给我很大的触动，以后不到万不得已是不会把你一个人留在家的，你毕竟还是个孩子，我们要尽一切能力履行父母的责任。

　　大龙哥周六婚礼的情况我跟你讲一下，也让你了解这个大家庭的新变化。大龙哥是在乡下办的婚礼，场面非常热闹，听大舅说周五晚上和周六中午一共办了65桌酒席，连大舅自己也没料到会来这么多人，乡里乡亲和亲朋好友大都来了，这说明大舅和大龙哥的人缘好呀。更让我感动的是当地人的朴实和热情，简直是男女老少齐上阵，就像是自己家办喜事一样，多么大的场面呀，有负责接送客人的（开自家车），有负责指挥交通的，有负责安排酒席的，有负责婚礼仪式的，有负责专门放烟花的，有专门制作当地小吃的……我都数不过来，村里能走动的几乎都过来帮忙了。听你妈说，为了捏一种当地的小米糕，年长一些的妇女们争先恐后，生怕来晚了帮不上忙，我这么多年来都没有看到过这样的人间烟火了，多少年没有感受过这样的带着热气的浓浓情意了。当然，来的亲朋好友都随了份子钱，主要是一份祝福。大舅说将来人家过喜事都得还回去，这就是农村特色，也是地方文化习俗。

原来我还担心这么大的排场会不会有很大的浪费，后来看到姥爷带着2个空桶去找残羹剩饭，准备带给家里的"黑子"吃，结果没有什么收获，这才知道村里人的胃口好，有的桌吃不完的还带回去留着吃，所以也没有浪费。总之，这是我印象最深的地方，其他的与城里人结婚没什么太大区别，该有的环节一个都不少，与你原来参加婚礼看到的场景差不多。最后家里人一起照了一张大合影，唯独没有你的身影，大家都说有一点遗憾，姥姥姥爷更是长吁短叹，一直说要是大外孙子在该有多好呀！

还有一件事也让我心里久久不能平静，至今都很感慨。我和你妈准备回北京时，姥姥姥爷不知为什么事吵起来了，姥爷伤了姥姥，搞得一家人忧心忡忡。这次二舅真的火了，含着眼泪冲姥爷怒吼："爸，你如果动手打我妈，我就死给你看！"

所有人包括姥爷都蒙了，这是我第一次见二舅发这么大的火，这是两鬓斑白的五十岁儿子对八十岁的老父亲发出的"死亡威胁"。我心里五味杂陈，你妈流着泪没有言语，在场的一家人谁都没有吭声，真的是被二舅的"怒火"震住了。二舅是讲面子的人，可是在家人面前又是如此不顾面子，因为此时他是父母的儿子，这种"死亡威胁"既有对老父亲的埋怨，更有对日夜操劳的老母亲的怜爱，也是二舅对家庭的担当和对年迈父母美好的期盼，这是一种语言无法表达的爱。

你看到了，我们就是这样的一家人，即便生活中吵吵闹闹，可吵完架又有谁离得开谁呢？就像"人"字一样，一撇一捺分开了，就不是一个"人"字了。我也劝说姥姥姥爷，如果你们有一个先走了，以后吵架都没人了，为什么不珍惜呢？当然道理都明白，可哪家没有磕绊呢？

与你讲这些，就是要让你知道真实生活是什么样子，但美好总是主旋律的，不和谐的地方都只是这个主旋律的小插曲而已！

不喜欢化学课怎么办

2023.2.28

儿子，你一直说不喜欢化学课，我们原来也交流过，对自己不喜欢的事该怎么办。逃避不是办法。我还了解到，理科在大学可选择的专业要多一些，而且这些年国家对基础教育越来越重视，尤其是高精尖的科技行业，也许是国际环境的变化，高端制造的竞争压力，对数理化等基础科目更加注重。

你们上高中后，有的学校的化学课和物理课是捆绑在一起的，要选择理科就都得学，所以不喜欢怎么办呢？去年期末你的化学考了65分，进了班里前5名，说明你不喜欢的化学一样能考得好，而且中考化学是完全有可能考满分的。再说报个班冲击一下满分是你自己提出来的，可前几天找了老师试听，你说怎么也提不起兴趣，搞得我有点狼狈，只好与老师说明了情况。你也态度坚定，认为反正生物考了68分，化学考多少算多少吧！及格应该没有问题。

这件事我不再劝你，当前你的时间也很紧张，不找课外班老师也行，但你一定要跟上学校老师的节奏，只要不是存心与化学过不去，就按你现在的状态来也是有希望的。但我要提醒你，不喜欢但千万不要放弃，前面我说了，理科在高中和大学是无法回避化学课的，不为现在也要为将来考虑。

还有，我总是感到心里不踏实，你的性格中有一种倔强，有一种不服输的劲头，当然，不服输不是坏事，有时候是一个人前进的动力，但有时候又容易受伤，因为一个人的能力水平是有限的，如果事事都要争第一，这就是争强好胜了。如果从小就养成这样的做事风格，我担心大了都改不过来，将来会遇到更多的挫折，我不是怕你遇到挫折，成长中的挫折是必不可少的，而能避开的一个坑干吗非要往里跳呢？

当然，这是一个非常复杂的问题，在未来的社会竞争中完全可能出现，但目前你还不需要面对，等你以后大了我们可以再探讨。再一个问题，就是你对不喜欢的事有一种排斥的心理，前面讲的化学课是一个例子，还有生活中的许多事都是这样，不喜欢的人从来不搭理，不喜欢吃的东西看都不看一眼。比如鸡蛋，营养价值很高，这个你非常清楚，而且我们家有天然的条件，姥姥家散养着十几只母鸡，都是柴鸡蛋，不管我怎么做，怎么劝说，你死活就是不吃，每次从老家带回来我和你妈也吃不完，一半都送人了。

你的这个特点，我也说不上来是什么原因，我总感到你需要调整自己的地方有很多，你在空闲的时候想想我说的这些问题，自己是不是可以调整和解决，如果做到了，你不觉得自己更优秀了吗？

你的青春期

2023.3.1

儿子，上周日早上我送你去参加英语机考，到门口时已经有同学在等着你，其中有女同学跟你打招呼，你没有什么反应，这让我想了很多，我独自走在回家的路上也一直琢磨，你不爱搭理女同学，到底是什么原因呢？

我原来问你，你也没说出个所以然来，只是说不想搭理，连一个女同学的联系方式都没有。记得你还说过有一次在班里开展什么活动，有个什么物品大家都打不开，最后你打开了，但用力过猛折了还是断了，女同学还埋怨你来着，有这回事吧？如果只是这样的理由就不愿与女同学交往，我认为你还不至于这么小气。

客观地讲，我是过来人，知道每个人都会经历青春期，但每个人的表现又不一样，你小时候也挺爱说，不会害羞，男孩女孩都在一起玩。所以说，你现在不爱搭理女同学是一种青春期的正常反应，但不是每个孩子都有这样的反应，你看你们班里其他男同学就有愿意与女同学一起玩的。我要告诉你，要正确认识自己和正常看待他人，男女同学一般交往都是正常的，相互交流学习心得，交流社会生活逸闻趣事，还能增进同学友情。以我的经历，这种同学情是最难忘的，所以你要把眼光放长远一点，珍惜人生中的这段美好时光。

当然，个别女同学或男同学你不喜欢，是因为个性特点，你也不要勉强自己，但要保持理解和尊重。每个人的个性，有与生俱来的，也有后来家庭等环境因素形成的。所以，可以不喜欢，但一定要尊重他人！

还有一个问题，我送你到学校门口后，学校还没开门，本来我想陪你一会儿的，你说让我先走，这也让我想了很多。其他的孩子不也有家长陪着吗？为什么你不要陪？你后来解释说我在跟前同学不方便说话，这我能理解，同龄人在一起有共同语言。但你让我走，我总想你会不会是怕我给你丢人。你没有这想法当然好，如果有爸爸也不会怪你，因为这其实也是青春期的一种表现。

我看过一位著名作家写的一篇文章，他讲到自己在上中学的时候，父亲经常到学校捡拾同学们吃剩下的饭菜回去喂猪，他怕同学们笑话，没敢说这个老农民就是他的父亲。有一次开家长会，他劝说父亲找个理由别去参加，父亲知道儿子的心事答应不去参加。结果在家长会上，他从窗外看到了父亲悄悄站在教室门外，在大雪纷飞的寒冬里默默地"偷听"着老师的讲评，他忍不住失声痛哭，大声说出了这个捡拾剩饭菜的老农民就是自己的父亲，老师和同学们不但没有笑话他，还送给了他最热烈的掌声。

俗话说"穷人的孩子早当家"，我们那个年代的孩子经历的事多，受过的苦难也多，普遍成熟早，懂事也早。

你们是赶上了好时候，不用担心上不起学和吃不饱饭的问题，但放眼世界，很多的国家依然贫穷，我们都好好珍惜吧。你们是衣食无忧的一代人，但同时在新时代你们也会遇到新的矛盾和困惑，这都需要你认真思考。

真诚地沟通交流很重要

2023.3.3

儿子，我一直忧虑你的沟通表达能力，倒不是说你嘴巴笨，你看，在人多的时候，比如春节一大家子十几口人在一起过除夕，每人都说几句话表达心情或祝福，你就短短一句"祝大家身体健康"，还有点不好意思的样子。当然，不好意思是青春期的表现，但在语言组织和表达上是不是有些欠缺？这本不是什么大事，你还小，以后有的是机会学习提高，我是要提醒你要注意这个问题，如果再大点还是现在这种表达能力，就真的成了问题。

我再和你说一下前段时间大龙哥婚礼的事，家事国事不用你操心，但也要关心。婚礼前的那天晚上，大舅忙得很，没时间陪他的亲家（大龙哥的岳父岳母），再说大舅也不会喝酒，二舅因为要开车，农村也没有代驾，所以也没法陪酒，其他人说不上话，总不能把大龙哥的岳父母晾在一边吧。我说我来陪吧，结果喝醉了，你妈说我最后与大龙哥的岳父母喝得称兄道弟，勾肩搭背。

说实在的，我并不后悔，你知道为什么吗？对方是第一次来到这个家，千里迢迢把宝贝闺女嫁过来，心里不也是七上八下呀。那天晚上，我把这个家的情况一五一十地进行了介绍，我是个外姓人，也更有说服力，又是那么真诚，我认为他们完全听进去了，也感受到了咱们这一家人的朴实、善良、热情和真诚。

尤其是第二天的婚礼上，二舅妈激动地表达了"以后大龙哥就是老丈人的亲儿子，闺女就是我们大家的亲闺女"，老丈人一家感动得眼圈都红了。你说，沟通交流和情感表达是不是很重要？

学习和传承雷锋精神

2023.3.5

　　儿子，今天是学雷锋纪念日，你看咱们小区门口，有理发的、磨刀的、修理自行车的、咨询健康知识的，都是免费的。这个活动应该是居委会组织的，每年3·5前后这几天都有这样的免费服务活动。还记得吗？咱们原来住的小区，每年的这一天，马路两边人头攒动，解放军叔叔在为附近的老百姓义务搞卫生、理发、修理自行车、量血压等。这一天全国都在开展学雷锋活动，当然还有其他学雷锋活动的形式，主要目的是倡导大家都来学雷锋做好事，体现"我为人人，人人为我"的雷锋精神，形成积极向上的良好社会风尚。

　　你可能在书本上读过雷锋的故事，但知道的并不详细，又由于时代不一样了，老百姓对这样的免费服务需求也不多，所以感受并不强烈。我之所以还要把雷锋的故事简单讲一下，主要是让你知道"雷锋精神"的来龙去脉，为什么今天还要继承和发扬下去。

　　雷锋1940年出生，7岁就成了孤儿，后来参军入伍，树立了全心全意为人民服务的思想，并光荣地加入了中国共产党，他在一次执行任务中因公牺牲，年仅22岁。1963年3月5日《人民日报》发表毛泽东题词"向雷锋同志学习"，在毛泽东主席的号召下，把这一天定为学雷锋纪念日，全国人民掀起了学习雷锋精神的热潮。

雷锋精神产生于我成长的年代，我就是在那个热火朝天的年代里，讲着雷锋的故事，唱着《学习雷锋好榜样》这样的歌曲一点点成长起来的。我印象最深的是《雷锋日记》中的一些话："一个人做一件好事并不难，难的是一辈子做好事""什么是时代的美？战士那褪了色的、补了补丁的黄军装是最美的，工人那一身油渍斑斑的蓝工装是最美的，农民那一双粗壮的、满是厚茧的手是最美的，为社会主义建设孜孜不倦地工作的人的灵魂是最美的。这一切构成了我们时代的美。如果谁认为这并不美，那他就不懂得我们的时代"……雷锋精神就这样影响了一代又一代年轻人，进而出现了一大批"雷锋式"的典型人物，他们为国家建设发展和社会主义事业甘当一颗小小螺丝钉，默默奉献，无怨无悔，也都有各个时代的雷锋精神的烙印。

当然，随着时代的发展，雷锋精神含义更为广泛，也包括热爱党、热爱国家、助人为乐、敬业精神、艰苦奋斗、勤俭节约等，时代在变，学习雷锋精神的形式也在变，但这种"我为人人，人人为我"精神的本质没有改变。

你看，在日常生活中，你为别人着想，也包括家里人，其实也是一种雷锋精神的体现。你说有一次看到小区一位年长的阿姨提不动一个物品，你上去帮忙，还帮她送到电梯里，这就是雷锋精神的传承。雷锋精神是什么？你应该有了自己的判断！

该不该裸睡?

2023.3.7

儿子，这次流感还真有些严重，你说班里有 9 个孩子因为患上流感不能上学。我原本想你的身体条件好，免疫能力会强一些。但老师昨天中午给我打电话，我就预感到不妙，果然你也中招了。

不过流感也不是什么大事，但被以前新型冠状病毒感染疫情搞得大家都害怕了，一点风吹草动就容易恐慌，学校更是要求严格，有一点症状就要求回家上网课。我还真是着急，都马上中考了，这个时候居家上网课，网课的效果差不少，我们都是清楚的，因新型冠状病毒感染疫情在家上了几个月的网课，其中滋味你比谁体会不更深?

但怎么办呢?你一定要心中有数，时间太宝贵了，真的耽误不起了，就剩下这点时间了，你要意识不到这个学习阶段的重要性，我和你妈只能是干着急，所以，还是希望你打起十二分精神，克服各种困难，全力以赴完成最后的冲刺。

你一般都是喝两袋感冒冲剂，睡上一觉就好了，这次也不例外，我看早上你的精神状态基本恢复了，但别忘了上午再喝两袋感冒冲剂巩固一下。我想要说的是，面对这次流感，你千万不要恐慌，但还是要注意个人卫生，原来跟你讲过，病从口入，生活中的方方面面多注意就是了。此时是冬季和春季交替时节，天气忽冷忽热，所以还不能偷懒，为了省事就只穿一件单衣。你晚上睡觉也不穿背心了，再一蹬被子，再好的身体也会扛不住的，这不是什么大事，原来与你也说了不少，但你不走心还是会吃亏的。

另外，你前两天尝试了一下裸睡，裸睡对身体是有一定的好处，比如解除内衣对身体束缚的轻松感，有利于皮肤的排泄，尤其是你正在长身体，紧一点的内裤对生殖系统正常发育有一定影响，所以我不反对你裸睡。但要注意防感冒。

我建议你还是穿宽松一点的内裤，你现在穿的就可以，也比较透气，如果你还是感到有些紧巴巴，我再给你重新买几条宽松点的。还有，内裤最好自己洗，你原来也自己洗过，但坚持得不好，洗衣机是省事，往里一扔就完事了，但洗得不干净，不会像手洗这么精细。不多说了，都不是什么大事，自己多注意点吧！

终生运动与优雅生活

2023.3.8

儿子，今天咱们刚准备出门，你妈从床上爬起来送你，我突然想起来今天是三八妇女节。

你妈说今天去做个全身体检，这个习惯非常好，我和你妈这个年龄每年都做一次全身体检，工作再忙也要抽出时间，这是科学的生活方式，既是对自己负责，也是对家人负责。

记得前年全国"两会"期间，有一位全国政协委员说"好的教育应该是培养终生运动者、责任担当者、问题解决者和优雅生活者"。这位委员把终生运动放在第一位，足以说明身体健康的重要性。我也一直坚持锻炼，你更是从未停止过身体运动，这个习惯会让我们终身受益的。

还有，这位委员谈到"优雅生活"受到一些人的质疑，说，贫穷的人怎么优雅生活呢？他解释说"优雅生活"是一种审美情绪，包括欣赏和包容他人等。我为什么要把这句话单独提出来，是想告诉你什么是审美情绪，什么是审美情绪呢？比如有一天放学时你看到天边的火烧云，赞叹"好美呀"，你连忙用手机拍下来，这也算是一种审美情绪。我发现你平时对自然美、生活美、艺术美不太感兴趣。当然，目前你学习压力大，无暇顾及学习之外的其他事，即使有一点时间，也是刷手机来放松自己，这也是我们的遗憾。我和你妈是真心希望你将来做一个"优雅生活者"，不但有强壮的身体、对家庭和社会的担当、解决各种问题的超强能力，还有对艺术的欣赏和真善美的追求，不枉过这一生。

另外，你对三八妇女节不太了解，我也简单说一下。这个节日是全世界的节日，不单是我国的。1857年3月8日，因工作时间长、劳动报酬少，美国女工举行抗议活动，美国社会党决定以2月的最后一个星期日作为国内的妇女节；联合国从1975年开始，将3月8日定为国际妇女节；我国是在1949年12月规定，每年的3月8日为妇女节。这就是三八妇女节的由来。这个节日更多的是一种纪念，象征意义更大一点。但尊重妇女，包括尊重所有人是做人的基本道理，这个不用我再强调了。

我还要补充一点体检的重要性。你还记得吗，前几年你妈发现自己患有乳腺肿瘤，整个人都快崩溃了，我整天带着你妈求医问药，由于天天着急，我也是焦头烂额，思维反应迟钝，咱们家的车在马路上被抓拍了好几次，还剐蹭了2次。你想不到那段时间我和你妈是什么心情和状态。

记得有一天早上，你妈打电话让我去医院接她，我赶到时看见你妈坐在医院门口的台阶上哭泣，我的心都快要碎了。

检查的那一天我更是忘不掉，吴慧阿姨一大早赶到医院，在家属等待区虔诚地为你妈祈祷，更让我感动的是，她也是刚刚做了手术，拄着拐杖也要过来。也许是老天有眼，当你妈走出手术通道的那一瞬间，我就知道肿瘤是良性的，你妈重获了新生！我们这个家也重获了新生！所以，你知道为什么我和你妈每年都要检查身体了吧。

　　你妈哭泣的主要原因是她后来告诉我的，她说如果自己有什么意外，想到你还小，将来怎么办？姥姥姥爷怎么受得了这个打击？她甚至想到了自己埋葬到什么地方，说得我胆战心惊。好在有惊无险，后来的事你都知道了，告诉你这些，主要是让你珍惜妈妈对你的爱和理解她的不容易。

保持对农民工的尊重

2023.3.10

　　儿子，咱们家的新房一转眼成了旧房。记得刚搬进来时你还上小学，眨眼工夫，你马上就初中毕业了，时间过得可真快呀！

　　你妈是个追求完美的人，前段时间看到屋里墙壁上有几条小裂缝，她便找工人师傅来修补了。修补房子是件麻烦事，虽然不是大工程，但屋子里的物品都得腾挪，而后续的刮腻子、砂纸打磨、刷油漆，自然弄得满屋都是灰尘。我看你脸色不好看，刚开始，你没搭理这位师傅，直到你妈让你打招呼，你才勉强地叫"叔叔好"，我还以为是你看到这位师傅农民工打扮，在心里嫌弃人家。后来你说自己要写作业，家里全乱了，心里烦。

　　这叫我松了一口气，装修房子多少会影响你的学习，尽管先给你打扫出你的小屋，但难免叮叮当当，再说这位师傅也是尽可能地让声音小一点，大家都在为你着想，所以你也要为我们想一想，暂时克服一下困难，让自己把心静下来，把事情想通了。好在你后来一直把自己关在屋子里，心情也平和了。

　　这让我想到另一个问题，就是如何看待农民工。你虽然没有看不起农民工的表现，但也是爱搭不理的，当然，这有性格和年龄的原因。我和你妈都是农村出来的，我们深深懂得农村的艰苦和农民的辛苦，虽然现在情况好了很多，但到城里来打工的农民，包括留守在农村的老人孩子依然非常不容易。你也看到了，早上7点多这位师傅就到我们家了，我们让他一起吃早饭，他说吃过了，也不知是真吃了还是不好意思吃，我和你妈不好多劝，尊重别人的选择就是最好的尊重吧。

中午，我们踢球回来，我给大家订了外卖，结果这位师傅说自己带饭了，你妈只好帮他热了一下，还是尊重他的选择。我明显感到，你应该也有所察觉，这位师傅在我们家是拘谨的，生分的，不自在的。我想，他原来到别人家干活是不是一直受到冷眼相待，甚至受到歧视，干完活拿钱走人，只是把干活当成一种交易而已？

也许就是这样，他们一直在这样的环境里工作生活，也一直是这么认为的，并习以为常。像我们这样对他非常热情，他可能有些不习惯吧。现在有一些城里人看不起农民工，觉得农民工干的都是最脏最累的苦力活，赚的钱也不多，没有文化，没有技术。但他们不知道的是，建设美丽城市，根本离不开农民工，城市的美好生活，处处都有农民工在默默地奉献。所以，人不能忘本，更要尊重每一个行业。

我比较欣慰的是，你与许多城里长大的孩子有些不一样，因为姥姥姥爷一直在农村生活，你感受到了他们的纯朴和善良，所以，你要始终记得对每一位劳动者都要保持理解和尊重，即使文化观念和行为方式不一样，我们依然要保持做人的善良、真诚的本色。不管社会如何变化，只要你一直坚持自己的价值观，你对人生的理解和感悟会更深更透彻，幸福和快乐会永远与你相伴。

　　我们一起探讨，共同进步！

被裁判罚下场

2023.3.13

　　儿子，这个周末过得很不愉快，至少这是我的感受。

　　周日早上，叫你起床时已经快 10 点了，我知道你平时睡眠少，所以让你补觉。但叫你起床时，你睡眼蒙眬地指着窗户的方向，我一看，花盆摔在了地板上，你解释说早上光线太刺眼，拉窗帘时不小心把花盆碰倒了。我很无奈，责怪你怎么就不能小心点，我一直告诉你做任何事都要小心谨慎，还是发生了这样的事。

　　这是她养了 4 年的花，你妈得多心疼啊！果然，你挨了骂，连我也捎带上了，到现在你妈还不理你。你看，不但花盆砸了，木地板还被磕了一小块，划了好几道，你妈是个追求完美的人，她一时半会儿还缓不过劲来，你也要多理解。总之，要从这件事中吸取教训，虽然生活中难免会出现意外，但这是因为做事粗心造成的问题，能避免的一定要避免。所以，千万记得要改掉身上的这些毛病。

　　还有，老师发消息说你今天的状态没有之前表现得好，做题缺乏思考，题目有难度，但是通过练习是可以理解的，希望你攻克难题，不能摆烂！最后这句话，不知你是怎么理解的，我感到很扎心。不是说老师说话扎心，我倒是觉得老师很负责任，有问题就是要直接指出来，如果不解决下次还存在这个问题，那么上课的目的又是什么呢？

你说题目太难，学起来有些困难。但遇到困难绕道走，不是永远都解决不了吗？我知道，长时间超负荷地运转，头脑和身体都会出现疲惫的状态，导致注意力不集中，但这件事父母是帮不上忙的，需要你自己不断调整情绪和精神状态，尤其是上课时，打起十二分精神，课后的巩固就需要自己找时间练习，不能老师讲完就完了，不然上课的效率就会大打折扣，事倍而功半。

更让我忧虑的是你周六比赛被裁判罚下场，你踢中锋的位置，对手一定会对你围追堵截，重点"照顾"，当然小动作不断。这个问题我多次提醒你，这都是足球比赛的一部分，是对手的战术安排，有的防不住你一定会通过犯规阻止你进攻，有的是通过背后拉扯等小动作故意激怒你。

你果然上当了，转身一甩胳膊，结果用力过猛，打到对方胸口上了，对方直接躺到地上不起来了。关键是裁判问你怎么回事，你如果情商高一点，走到对方面前安抚一下，或者给裁判解释一下不是故意的，态度再好一点道个歉，最多是张黄牌。球场上犯规是再正常不过的事了，要正视裁判的判决，耐心去和沟通，但你一直强调对方拉扯的问题，你想裁判能不加重处罚吗？

教练也是一脸的不高兴，他原来就一直提醒你要控制好比赛的情绪，不然迟早出现问题。这次的教训真是很深刻，我为什么忧虑？不是说犯错本身，而是这是个老生常谈的事了，犯一次说一次，下次又出现。但你这次没有明显的动手，只是与裁判的沟通上存在问题，也是有长进的。包括最后一节你又上场了，因为是友谊赛，教练也是想多磨炼你，后来你就变聪明了，战术犯规把对方撞倒，立即上去扶一把，做到了激动不冲动，场上是对手场下是队友，这样的表现才是明智和高情商的。

　　你这次的问题主要是犯规后的情绪管控和如何与裁判沟通，而这次也让你看到了裁判是什么样的执法尺度。在比赛场上，裁判对球员的态度很在意，好的态度可能能化解一场危机，一定要记得这些，如果能吃一堑长一智，这次惩罚就值了！

为什么要植树?

2023.3.14

儿子，昨天早上我在你书包一侧装水杯时，发现你带了一只握力器，我没说什么，当时就拿出来了。今天早上发现你又带上了这只握力器，我知道你一定是非常想带，因此没有阻止你。

但我提醒你，握力器有一定的危险性，如果不小心弹到别人就会惹出麻烦，你反问我："干吗要弹到别人？"我当然不希望你弹到别人，但你带的握力器中间部分是很粗的钢丝，弹力极强，手劲如果松懈了，或不经意间，是很容易弹出去的。所以不怕一万就怕万一呀。握力器是可以锻炼身体的，尤其是练手劲、臂肌等，但过度使用或使用不当也会伤到骨骼，损伤手指和腕部韧带等，甚至会引起慢性疼痛和功能障碍。我再次提醒你，务必要小心，上课时间不能使用，课间放松身体时可适当使用。

上周日是植树节（12 日），每年这个时候都会开展植树活动。为什么要植树呢？你也许压根儿就没想过这个问题。

近几十年来经济社会高速发展，尤其是西方国家前期的工业大发展，对全球自然资源无节制的索取导致生态环境破坏，主要是挖煤、开矿、伐木造成的水土流失、沙漠化扩大等，更严重的是工业生产造成水、空气、土壤的严重污染等。现在回过头来看，虽然经济发展了，人们生活水平提高了，但自然环境破坏得很厉害，这个代价太大了。

当然，现在的自然环境好多了，我国一直在改善和修复生态环境，包括一直开展的全国性植树活动，山也绿了，水也清了，咱们家附近的小河流，前些年都成臭水沟了，谁路过都要捂着鼻了，现在两岸都是绿植，这几天你看到了，已是花红柳绿，春意盎然，在这样的环境下生活是不是连心情也不一样啊？

但从全世界角度看，问题依然不少，特别是工业污染还很严重，你看近些年全球气温越来越高，极端天气越来越频繁，前几天北京的天气最高达到25摄氏度了，新闻里说这是北京有气象记录以来同期最高的气温记录了。还有专家预测北极、南极的冰川将在20年后全部融化，海平面将上升7.5米，这意味着什么？许多的岛国就不存在了，我国的陆地面积也将缩小很多，这将是一件多么可怕的事。

所以说，世界是一个整体，我们国家这些年不也一直倡导"人类命运共同体"吗？说的就是从整体上看问题，你不能说与你没有关系吧？将来你们是这个世界的主人，你们这一代人的生活环境会怎样，需要我们现在共同努力来改善和保护。你看，姥姥姥爷每年春天都在房前屋后种上各种花草树木，空闲的地方大都种上了。

记得你小时候，我和舅舅带着你在姥姥家门口挖了好多坑，一口气种了几十棵李子树，后来还种了苹果树、桃树、梨树等。现如今，绿树成荫，瓜果飘香，不也有你的功劳吗？当然我们这么做不单是为了吃果子卖果子，更重要的是保护自己家周边的生态环境，也为当地的绿化做了贡献呀！

但姥姥姥爷有另外一种想法，我让他们把树枝剪剪，他们倒好，把上面的剪了，就是让果树往四周扩散着长，目的是好采摘。有一次姥爷开着"三蹦子"（电动三轮车）天不亮就跑到县城去卖李子，路上开了一个多小时，由于不会吆喝，就在马路边上蹲着，晒了一上午一个也没卖出去，二舅知道后自己出钱托朋友全买了，姥爷还高兴得不得了，说卖了100块钱，还感叹县城的价格就是高。当然，少不了二舅把姥爷训斥一顿，毕竟开"三蹦子"很危险，而且姥爷这么大的年纪，后来姥爷再也没有去县城卖李子了。

我还想，如果人人都有条件在自己家的周边种植树木，或参与全社会的植树等保护环境的活动，一起来治理荒山、沙漠，一起来节约资源，保护生态环境，那我们以后不是就生活在美如画的世界里了吗？所以，以后有条件我们还要一起走出去，多参与一些社会公益活动，把眼界放宽一点，就一定会生活得更加美好！

独立解决问题

2023.3.15

　　儿子，上次比赛后，程叔叔让我们帮忙，把你的朋友程同学送到北京站，让他自己坐高铁回天津的家。路上你们一直在交流，你还说程同学没有带充电器，问车上的充电器能不能送给他，我说当然可以了，他是你的好朋友，遇到了困难，帮助他是应该的。

　　只是我没想到他忘了带身份证，那怎么上火车呢？这一时让我犯了愁。不过好在程同学突然想到用手机查一下相关信息，果然，他查到了火车站可以办理临时身份证的信息。我一下松了口气，心里暗暗佩服这孩子的独立能力，因为后面找车站派出所、进站、上火车、出站、再坐汽车回家等流程都得他独自完成，虽然路程不远，但每一个环节都不能少，最主要的还是安全问题，他毕竟是个孩子，与你一样才 15 岁，怎么叫人放心呢？

　　他说没问题。他爸也说没问题，说他经常独自从北京到天津来回坐车，足球训练也经常是自己来回倒公交、地铁，都习惯了。我真是又羡慕又感叹，你说也希望自己有机会单独坐火车出去一趟，体验一下不一样的生活。你有这想法我当然高兴，这是一种独立解决问题的能力，标志一个人的社会成熟度。仅仅坐火车这一项，路上一定会遇到各种各样的情况和问题，你找机会与程同学聊聊，问问他最初独自出门，是不是遇上过麻烦事？自己又是如何解决的？

现在的他，遇事已经很成熟了，在我表示担忧的时候，他却表现得淡定从容，与他的年龄很不相符。这是程同学比你强的地方，路上我就说了，你们要相互学习，不单是文化知识方面，他的生活阅历就比你丰富，你如果能像他一样，在很多方面能独立解决问题，这将是一次能力和成熟度上的飞跃。当然，你也有你的优点，比如你对运动的坚持，你的上进心，你对父母的孝敬和对朋友的真诚等。每个人都有自己的优点和缺点，我们要发扬自己的优点，学习别人的优点，克服自己的缺点，那么自己一定会更加优秀。

做一个视野更开阔的人

2023.3.17

儿子，今天一早你说学校今天要召开"百日誓师大会"，我一听就知道中考要"拼刺刀"了，我没说什么，因为之前关于中考的事说得太多了，你的压力也够大的了，我不想再强调什么，学校和老师一定会把我想说的都说了，该交代的比我交代得更详细，你自己去体会吧。还有100天时间，减去乱七八糟的事占用的时间，其实还不到百天，做个有心人，尽自己最大的努力，坚信自己的能力！

上个月27日，厉以宁逝世了，享年92岁。你或许要问："为什么说这个事？知道他干什么？他与我有什么关系？"但我要告诉你，在我国经济社会发展中，尤其是今天国家取得的伟大成就，我们过上这么美好的生活，与每一位做出过重要贡献的历史人物，包括每个时期各行各业的英模人物都有关系。因为没有与过去穷苦生活的直接对比，你们年轻人不会有强烈的感受，这也是幸福时代的局限性吧。

但我还是要跟你讲一下，等你长大了，直接参加国家经济建设，就懂得了我今天讲的事情是多么有意义。厉以宁是我国经济学界的泰斗，杰出的教育家。他85岁高龄还带着博士生，写书、演讲、主持相关工作。他的各种官职我就不说了，在此只说他经济方面的贡献。他是北京大学光华管理学院院长，这个学院专门培养经济研究和企业管理人才，几十年来，从这里走出去的人才，好多都奋战在国家经济建设的各个领域，为国家经济社会发展做出了很大的贡献。

你说，他是不是很了不起的人？他不仅为国家培养了一大批经济人才，而且还是我国经济改革的先锋，中国股份制改革的开创者。厉以宁长期研究中国经济，以及西方发达国家经济发展的特点规律，就是说既了解我国经济社会的实际情况，又对国外发达经济有很深入的研究，所以在改革开放之初就提出了许多项国家经济建设和改革发展的观点和主张。

你看，你是不是也感受到了他在我国经济建设特别是改革开放中的重要价值？在我心里，厉以宁是一位了不起的人物，他的逝去是国家的损失，你可以不关注，但也要有一定的了解。我给你介绍的各种人和事，包括处世方式方法，是想在一定程度增强你的知识储备，提高你的认知能力，以及让你明白做人的道理，有些是书本上学不来的，希望你用心体会，慢慢尝试去接触更宽广的东西，触摸够不着的美好，做一个视野开阔的人。

假冒伪劣商品的危害

2023.3.20

儿子，前几天的"3·15"晚会，我只看了一小部分，主要是怕影响你学习。后来问你对于"3·15"了解多少，你说不太多。的确，你们这般大的孩子，确实不了解，也不去关注，但我总认为需要跟你说一说，因为"3·15"不单是国家的事，也与我们的生活息息相关。

1962 年 3 月 15 日，美国前总统肯尼迪首次提出消费者"有权获得安全保障、有权获得正确资料、有权自由决定选择、有权提出消费意见"四项权利，后来这四项权利被全世界所公认。1983 年，国际消费者联盟组织确定每年的 3 月 15 日为"国际消费者权益日"，我国自 1987 年开始，每年的 3 月 15 日，全国各地消费者组织都联合各有关部门共同举办隆重的纪念活动，运用各种形式宣传保护消费者权益的有关法律及相关成果。1991 年开始，中央电视台经济频道每年直播"3·15"专题晚会。

这个舆论监督的作用真是不能小看，只要一曝光，这些企业就要受到查处和处罚，老百姓看到后也不会再去购买他们的产品，企业甚至还会受到法律追究。我们虽然都有不同的身份，比如我是父亲、职工、丈夫，你是学生、儿子、球员，但咱们有一个共同的身份——普通消费者。你吃的、喝的、用的、玩的，哪一样也离不开消费，如果生产厂家提供的产品是假冒伪劣的，承诺的服务具有欺骗性，你说你能接受吗？尤其是吃到嘴里的东西，不单是营养和卫生问题，甚至还影响到身体的发育和生命安全，是不是很可怕？所以说，这些为了个人利益丧失道德和良知的企业就应该受到应有的惩罚。

你也是一个消费者，要有自己的判断，想一想，如果遇到坑蒙拐骗的事如何处理？如何维护自己的正当权益？

中考百日誓师大会

2023.3.21

　　儿子，上周五你告诉我学校的会师大会没举行，改到了昨天举行，也不知道是什么原因。我想一定是学校临时有什么事才改的吧。当时我就想，为什么叫会师大会，是不是19个班会合在一起进行动员？直到昨天看到了班级群通知才知道不叫"会师大会"，是"誓师大会"。"会师"是指几方会合在一起，"誓师"是指组织群体动员表决心的意思，两个说法完全不是一回事，也许是你没搞清楚，也许是我没听清楚，但这都不重要，以后遇到事情要搞清楚，以免出现误会或误解。

　　还有前几天，你说有一位篮球特长生教了你一个投篮的动作——"拜佛"，我问你是什么意思，你说"拜佛"就是一个投篮的动作，也没说出个一二三。当时我就想，这个动作为什么叫"拜佛"？突然一想，去寺庙烧香，不就有双手合十磕头拜佛吗？篮球技术中这个动作是个投篮的假动作，将球举到空中，对方一扑上来的时候，再迅速将双手收回来，是不是很像拜佛的样子？原来这个动作还有这样的来历，但是你只知道这个动作叫"拜佛"，却不知道它的由来，如果用心一点，或向同学多问一句，也许就搞明白了，这不就又增长知识了吗？

昨天学校举行的"百日誓师大会"，我看了老师发的视频和照片，也是血脉偾张，激动不已，仿佛自己也到了现场，这说明这个大会很鼓舞士气。我看到主席台上悬挂的横幅——"踔厉奋发拼百日，勇毅前行续辉煌"，学校领导还为学生代表赠送了倒计时牌，黑板上的图画更是生动形象，其中的"决战中考，倒计时冲刺仅剩100天。与时间赛跑，为梦想而战"既醒目，又催人奋进。老师还带着你们宣誓："莘莘学子，少年栋梁。志向高远，个性优良。激情扬帆，智慧护航。乐群奋进，斗志昂扬。父母师恩，铭记不忘。乘风破浪，百炼成钢。百日誓师，胆气豪壮。六月试剑，必绽锋芒！"

　　说实话，我看到这个场面，在冷静之后心里有一种说不出来的滋味，既为学校和老师为你们中考想尽各种办法进行激励而感动，又有点感到承受不起。我这个年龄的人经历的事不可谓不多，为什么我都会有点害怕的感觉？可能是因为我为你担心而产生的心理反应。考好了还好说，考不好怎么办？

　　本来说不给你压力的，但我不说不代表这种压力不存在，你自己调节吧。你现在上床前还会背一会儿课文，你妈总是安慰你说："儿子辛苦啦！"父母也只能做到这一步了。我们是相信你的，你只要努力了，就没有问题，也不会给自己留下遗憾。总之，把握好学习时间和节奏，不慌张、不盲目、不冲动，冷静思考，扎实准备，从容应对！

姥姥生病了（一）

2023.3.22

儿子，昨天是春分，春季的第四个节气，春分这天太阳直射赤道，南北半球昼夜平分，自这天以后太阳直射位置由赤道继续向北半球推移，北半球各地白昼开始长于黑夜，南半球则与之相反。在我国传统中，立春到立夏之间为春季，而春分处于两个节气的中间，正好平分了春季，所以叫春分，一般有放风筝、吃春饼、立蛋（说是春分到、蛋儿俏，这天最容易把鸡蛋立起来，也算是一种民间游戏，我们小时候也玩过）等风俗。前几天，咱们对门的阿姨给我们送了 2 包香椿，她说刚从老家寄来的，要我们赶紧趁着新鲜煎鸡蛋吃，可惜你不吃鸡蛋，我也不会别的做法，算你没口福了。

这两天咱们家发生了很不幸的事，就是姥姥脑出血住院了，我昨天晚上在犹豫中还是告诉了你，本来不想告诉你，你妈也一再叮嘱我不要告诉你，说姥姥从小带你，你对姥姥感情很深，怕你知道姥姥病重影响你学习。我想，你大了，对事物的认识越来越理性，瞒着你总不是个办法。你一边做运动，一边听我讲姥姥的病情，虽然你有些惊讶，但听到我说姥姥年龄大了总有一天要离去，我们要理性面对时，你让我不要再说了。我知道你

153 —

心里难过，也没有再往下说，但今天我还是要说说这个问题，有些事我们无能为力，要学会坦然接受。

我知道这事是姥爷偷偷给我打电话说的，说村里人发现姥姥突然晕倒了，大舅二舅都不在身边，姥爷叫村里人帮忙开车送到县医院，还叮嘱我不要给你妈说，大舅二舅也说不要给你妈说，他们都知道你妈最近特别忙，又是个急性子。大舅二舅就这么 24 小时轮流守在县医院的病房里，晚上都睡不了觉。昨天下午，二舅说还是要给你妈说一声，主要是担心姥姥万一出现意外，不告诉你妈的话你妈会很生气。我想二舅说得对，于是告诉你妈姥姥住院了。

你妈的反应你应该能想象出来，她立马拿着姥姥的片子找北京的专家去看，又马不停蹄地拼了一辆车回老家，我劝你妈说不要着急，你妈说："要有什么事，我该怎么活？"姥姥在咱们这个家庭的分量，你是知道的，姥爷昨天给我打完电话，说把鸡狗喂了就把大门锁了，他要去医院陪姥姥。你还记得吗？上次姥爷还和姥姥吵架了，可姥姥生病的时候，姥爷又是如此惴惴不安，他们之间的感情是不会因为吵架而有一丝一毫的减少的，这就是普通百姓最真实的生活。

你妈妈到医院后回信说："比想象得严重，我暂时不回，你把儿子照顾好！"我不在跟前，也不好判断具体情况。你妈和我视频通话，姥姥躺在病床上，吸着氧气，头发乱糟糟的，我心里也难受。这几天很关键，也许过了这几天就会好些，但姥姥年龄大了，恢复会慢一点，我们都要做好心理准备，不能指望一下就好起来。

对你来说，这段时间很关键，周一学校组织了誓师大会，明摆着是要"拼刺刀"了，你要把全部心思放在学习上，我负责你的生活保障，姥姥由妈妈和大舅二舅照顾着，你尽管放心就是了。

另外，虽然你不爱听这句话——姥姥总有一天会离开我们，但我必须说，今天不说将来也要说。生与死都是自然规律，每个人都会面临这一天，在大自然面前，人是极其渺小的，有时候接受和坦然面对是最好的选择。我当然希望我们一家人，包括所有的人都健康长寿，但这只是一种美好的愿望。今天说这些，是不得已的事，话题太沉重，可又不得不说，等你再大点也就更明白了！

体育中考新变化

2023.3.23

　　儿子，昨天你说英语机考成绩出来了，你考了 38 分，按理说满分 40 分，这个成绩也还算不错，但你说班里好多考满分的，自己并不满意，错了一道题，扣了 1.6 分，四舍五入变成了扣 2 分。可不能小看这 2 分，意味着学区排名差上几百上千。好在 4 月 2 号还有一次机会，老师也鼓励你再补考一次，还有几天时间，你自己好好复习，关键是找出问题出在哪里。有了前面的经验，总结出存在的不足，也许下次会考得更好。但心理上要保持放松，即使考不了满分，自己努力了也不后悔。

　　学校又安排了今天和明天月考，你说一点也不紧张，这只是一个平常的测试而已。学校这个时候安排初三学生统一测试，主要是想了解和掌握你们的学习状况，看看存在的主要问题是什么，哪些方面容易丢分。然后再调整教学方向，有针对性地进行辅导。这是我的个人猜测，你按照老师的安排和节奏正常学习、复习就行了。

　　有一个问题我再与你谈一谈，前段时间你一直愤愤不平。北京市教委发通知，把体育中考现场考试调整为合格考，这让本指望体育上拉开点分数的你很失望。但我认为，任何事都要往长远了看，你从小运动而拥有现在这么强壮的身体，难道仅仅是为了今天的中考吗？

你的运动目标要进一步明确，原来是为了踢足球，以后是为了康健的体魄和优雅的生活，要建立终身运动的习惯。我希望你对体育中考合格考这件事有正确的认识和理解，坦然接受，而不是抱怨学校，埋怨老师，更不要指责不公。自己调整好心态，该怎么学习还怎么学习，该怎么运动还怎么运动，过了这一心理关，你会发现自己又成熟了，对学习和生活中的困难能轻松地克服了。

姥姥生病了（二）

2023.3.24

　　儿子，姥姥的身体状况一直是我们的牵挂，她现在还躺在病床上，妈妈说有一点好转，但起色不大。昨天晚上视频时，你也看到了，满脸皱褶的姥姥一动不动，像是睡着了，完全不再是过去追着你往你嘴里塞各种食物的姥姥了，更不是背着小时候的你哼着小曲满院里转悠的姥姥了。还记得吗？因为姥姥的眼睛几乎看不见，有一年夏天你被蚊子咬得全身是包，把你妈心疼的呀，还埋怨了姥姥好几天。

　　我在电话里问你妈需要买些营养品回去吗，姥姥突然用十分微弱的声音说："什么、什么都不要买！"都这个时候了姥姥还怕我们花钱，多么可敬又可怜的姥姥呀！姥姥的意识是清醒的，就是身体不能控制，说话很困难，你妈说有时清醒有时糊涂。说着说着，你妈又突然着急地说道："我挂电话了，妈又尿了！"你看，这就是姥姥现在的样子，我尽管对姥姥的身体状况有一定的心理准备，但当亲眼看到后还是很难过。

　　姥姥过去吃的苦受的罪太多了，现在生活条件好了，姥姥依然是不舍得吃不舍得喝，我们给她钱总是不肯要，说自己有钱，卖了粮食的钱还没花完呢！你每次回去，不过年不过节的也偷偷给你塞一二百块钱。听你妈说，姥姥还攒了3万元钱，想找个时间给3个儿女分一分，每人1万元，对谁都不偏不倚，这是姥姥一辈子的全部家当和对儿女们的心思。

你看到姥姥的样子也是唉声叹气，好多事我原来都没给你说起过，主要是你还小，怕你不理解。现在姥姥生病了，让我想起了许多往事，跟你说说，也让你知道姥姥这辈子是多么不容易，我们更应该好好珍惜，珍惜与姥姥在一起的每一时每一刻。

其实，姥姥对自己的情况非常了解，对生死看得也很清楚。你妈说，姥姥尽管眼睛几乎看不见了，还是靠着经验和感觉，一针一线为自己缝了寿衣，你妈看到后心如刀绞，不相信自己的母亲有一天会离开。姥姥又想尽办法在她有能力的时候为我们所有人尽到她最后的能力。就连咱们家的核桃仁，你还埋怨怎么掺有核桃皮，那都是八十岁的姥爷一杆一杆从树上打下来，姥姥趴在草地里摸索着一个一个捡起来，晒干后一锤一锤砸出来的。3个儿女几十斤核桃仁，得砸多少个日日夜夜？哪一个核桃仁不是姥姥姥爷的心血？你妈患有哮喘病，姥姥姥爷几十年来都一直四处打探治疗的土方子，听说山杏仁核能治疗哮喘，每年都要上山打杏子，把一个个杏仁又泡又晒，砸出来后托人送过来，这就是你可爱可怜的姥姥姥爷！

我思前想后，尽管你学习时间紧张，我还是想周六上午咱们回去一趟，周日再赶回来，回去直接到县医院看望姥姥，与姥姥说说话，宽慰宽慰她，姥姥看到你去了一定会非常高兴，说不定身体还会好得更快呢！

周六咱们争取早点出发，路上一刻也不要耽误！其他的事暂时都放一边，再说你妈也好多天没看到你了，连一个电话也没给你打，她的心思全在姥姥身上，你要多理解，天下的母亲都是伟大的！

姥姥生病了（三）

2023.3.27

儿子，到现在我还没理清头绪，别看周末只有短短两天，但咱们经历的事却不一般，你可能觉得没什么，但我还是要梳理一下，让你明白这两天经历的事有什么不一样。

周六中午上完课咱们就直接回老家看姥姥了，姥姥生病在当地县医院住院你是知道的，你中考到了关键时候，本来是不想让你分心走神的，一模后各学校体育特长生招生也开始了，你的训练原本也是不能耽误的，但姥姥躺在医院，你对姥姥感情很深，无论如何你也得回去看看姥姥，很多事耽误了可能是一时的，而有些事耽误了也许就是一生一世的不安。你也说要回去看姥姥，我看出了你也是着急的。我一着急给走错道了，多绕了60多公里，花了4个多小时才赶到医院。姥姥右眼已经完全失明，左眼还能感知一点点光亮，姥姥听到你的声音，不停地问："禹禹呢？禹禹呵！"你伸手握住姥姥满是老茧的手掌，如此粗糙，一道道裂开的皱纹布满手掌，住院一周了，你妈天天用润肤油搓呀搓，这双手仍然像一块饱经风霜的老树皮。姥姥左手的食指还缝了十几针，满是血渍。你妈说姥姥每天切菜喂鸡，用斧子劈柴火，这次脑出血就是劈柴火时突然发作的，手指也受伤了。几乎失明的姥姥还天天不停地干活，你劝她，她会反驳你："农民不干活吃什么呢？"她怎么就不想想还有我们呢？养了3个儿女是干什么的？但姥姥就是不愿意给儿女添麻烦，怎么劝说都不听，这就是你固执的姥姥！

我和你妈、舅舅一起给姥姥换尿不湿，姥姥刚开始还不太配合，我说："我们都是您生您养的，现在都应该孝敬您。"姥姥这才平静下来，此时，血浓于水的亲情早已超越了一切。早些年，你爷爷生病不能动弹，你妈回老家也是一口饭一口水地喂，擦身子，还有什么比亲人和亲情更重要呢？你爷爷奶奶都走了，我也早已把姥姥姥爷当作自己亲生的父母了。我想找机会与你的几位表兄弟也谈谈，我们这一代人是如何对待父母的，姊妹之间又是如何相亲相爱的，希望你们这一代人不但能记住这些，而且在生活中去感受、去传承，这不单是我的希望，也是我们这一代人的希望！

姥姥想看看你，使劲用左手指（右手不听使唤了）一次次撑开左眼皮，想用微弱的视力看看你的样子，我帮着姥姥撑开她的上眼皮，姥姥紧紧地抓着你的手，像是生怕你会离开她，又像是对我们大家的依恋和不舍。周六下午，姥姥的病情很不好，收缩压高到170mmHg，舒张压也到了120mmHg，而且一直发烧，你妈和舅舅急得又是找医生，又是托朋友咨询。姥姥也糊涂了，嘟囔道："秀嘞，天黑了，烧火做饭了！"你妈失声痛哭起来，紧紧地把姥姥搂在怀里："妈，你糊涂了，这是在医院呢！"你妈的眼泪不停地流，你妈这么坚强的人，我从来没见你妈流过这么多的眼泪。但这次，在脆弱的生命面前，我们都是如此无能为力。我劝你妈别着急，工作上还有一大堆事，让大舅二舅也帮着分担一点，大家轮流守着，你妈吼我说："就是工作不要了我也要陪我妈！在这里天天能看着妈，回北京就见不着妈了！"我的心也揪在了一起，我该怎么办呢？你还要上学，我们还得生活呀！

这几天，我想想办法联系联系朋友，看看能不能把你姥姥转到北京的医院来。你要把心静下来，把学习搞好，上周月考你的英语考了全班第一，这是这几天我们全家人唯一高兴的事，也算是给你妈带来了一丝宽慰，我们都要感谢你！姥姥的事有我们大人在，你要听话，我讲这些不希望给你带来压力，你是家里的一分子，你有权利知道，也应该参与进来，我们一起期盼姥姥早点好起来吧！

姥姥生病了（四）

2023.3.29

　　儿子，我这几天心里特别乱，尤其是昨天，姥姥从老家县医院转到北京的医院来，我一整天都在医院忙，几乎是马不停蹄，所以我说下午放学你自己回家，我实在是抽不开身。你问我姥姥现在情况怎么样了，我把转院的经过简单给你讲一下。

　　姥姥生病住的县医院医疗条件比较差，我们原本都以为这次姥姥脑出血血量小，问题不大，拿 X 光片给北京的专家看了，专家也认为没什么问题，县医院都能够治疗的。万万想不到的是，住了一周时间，不但不见好转，反而加重了病情，每天下午发烧，血压高，要命的是出血面积还在扩大。姥姥情绪也很不稳定，有时犯迷糊。你说，一家人能不着急吗？关键是问医生，他们也不知如何是好了，有时还找不到医生。不过好在我们在北京找到了一所有床位的医院。

　　昨天早上天不亮，你妈、大舅和大舅妈，还有二舅一起租了一辆救护车在早上 8 点赶到了北京的医院。结果到医院了，又通知我们床位没有了，需要先到急诊室挂号治疗，等有了床位再通知我们，说是可能要等到晚上甚至第二天了，原本有一点盼头的喜悦，一下又掉进了冰窟窿。

你想，此时的我们是多么无助，一家人就这样一边心疼地瞅着躺在救护床上呻吟的姥姥，一边默默地等待着奇迹的出现。由于走得着急，就给姥姥盖了一床薄被子，我和你妈、舅舅都把自己的外套脱了下来，把姥姥捂得严严实实，大舅妈用身体挡着走廊过道吹过来的冷风。你是知道的，大舅妈是刚进行过癌症化疗的人，非要来医院陪护姥姥，也许她更懂得一个病人内心的痛苦。

好在老天有眼，在我回家取被子的路上，大舅告诉我有床位了，我真是高兴呀！恨不得找医生鞠个躬。接下来就是办入院手续，你妈原来是个"医院通"，过去老家的人来北京看病都喜欢找你妈，你妈带着他们跑各个医院，对医院的程序都十分熟悉。没想到，这次你妈糊涂了，东西南北也分不清，都是我在旁边牵着她，提醒她，花了很长的时间才办完了入院手续，此时已经是下午2点了。二舅说，你妈前一天晚上基本没睡觉，这段时间为姥姥的事精神都快垮了。还记得我们去的那天晚上吗？二舅看到你妈的样子，也是着急，让你妈与二舅妈硬是挤在一张窄窄的病床上熬过了一夜，二舅说是为你妈分担护理姥姥的责任，其实是担心你妈的身体和情绪。

二舅也提醒我多安慰多包容，我怎么会不理解呢？姥姥姥爷是你妈的天，他们有什么事，你妈根本接受不了。姥姥姥爷总有一天要离开我们，你妈一时肯定接受不了，我们一起想办法吧，慢慢开导你妈，道理她是明白的，只是心理上没有做好准备。

当工作人员把姥姥推进病房的时候，你妈还差点儿与人家吵起来，你妈说姥姥眼睛看不见了，自己必须得去陪床，但医院有规定，所有病人一律不能陪护，由医院统一安排。你妈急得扯着嗓子嚷嚷，后来我和舅舅、舅妈一起劝说你妈，医院是专业的，不让家属陪护一定有它的道理，一定是为了更好地治病。你妈一看也无可奈何，但就是迟迟不肯离开医院，哭着说："我把妈一个人丢在医院，妈的眼睛看不见呀！"

一路上，我一直开导你妈，要相信医院，他们一定有能力治疗姥姥的病。晚上，你回来后，你看到妈妈的情绪不高，还在想着姥姥的病情。我想，你妈的情绪会随着姥姥的病情好转调整过来的，你也不用太担心，任何事总需要一个过程。

普通高中可以登记入学

2023.3.30

　　儿子，昨天晚上开了家长会，这次家长会的时间不长，主题是讲解普通高中登记入学的事。班主任说这是北京市教育改革的新举措，去年已经开始实行这项政策了，由于原来与我们没什么关系，所以一直也没关注这件事。

　　登记入学是一个好政策，减轻了家长和孩子的压力，为部分学习成绩偏下的学生提供了上普通高中的机会。因为学生的情况千差万别，同样的学习同样的努力，为什么有的孩子学得好，而有的孩子尽管使出了吃奶的力气来学习，但始终达不到理想的效果呢？除了方式方法等原因，还有家庭情况和个人智力等因素的影响，所以，我认为这项政策是人性化的，是教育部门和专家经过调查研究采取的解决当前升学压力过大的问题的实际举措。比如咱们所在区，有2所学校各招收80名毕业生，如果这2所学校各招生的人数不满80人的话，只要报名的都可录取；如果超过这个数就得抽签摇号了，但还有一个前提条件，就是在初二学期提前中考的生物和地理都要达到42分以上，也就是及格线吧。

　　当然，咱们所在区挑出的这2所学校在排名上比较一般，如果是排名靠前的学校，基本不用考试的话，家长还不得挤破头？但终归还是一个为孩子们将来着想的办法，比起普高和职高的选拔方式来说，又多了一项选择。你说老师在班里也介绍了"登记入学"的情况，你完全不感兴趣，我知道你对自己的要求，再说你的成绩也还不错，还有 80 多天的时间，严格讲在学校的学习时间只有 50 多天，再努力一把，冲刺一所排名靠前的学校还是很有希望的。

还有，老师说了一模时间是 5 月 4 号至 6 号。你是足球特长生，一模后的传统足球学校也会公布足球生招生的政策，所以，你得两手准备，一边准备文化课考试，一边加强训练。上周末回老家看望生病的姥姥，没有参加训练，这往后的训练不能再耽误了。

你的情况比较特殊，一定会比别人更辛苦，过多的话我就不说了，你也听烦了。还有两件小事提醒你一下。一个是昨天老师说你们学校一个在全校排名前 10 的孩子在打篮球时手指折断了，情况十分严重，当时就送医院手术了。这太可怕了，不但孩子受罪，而且马上就中考了，又是写字的右手手指受伤，你说这得多着急？我都替孩子和他父母着急。你平时下课或中午就去篮球场打球，以后一定要注意，做好自我保护，运动前做好热身，千万别上来就发力。希望你的同学早日康复，千万别影响到中考！

另一个是你的队友张同学在学校走时装秀的事，你只是觉得好搞笑，但在我看来，这孩子比你们都要成熟，尤其是心理方面，任何时候不怯场，长相和身材都很好，很有男人气概。你在形象上一点都不输他，只是心理成熟度和表达能力方面与他有不小的差距，这是需要你提升的地方。你们是好朋友，相互学习，取长补短才能相互提高。

姥姥生病了（五）

2023.3.31

　　儿子，昨天姥姥的病情又出现了新的情况，我跟你说一下。你妈上午接到医院的电话，说姥姥晚上又发烧了，情绪很不稳定，由于插着胃管（无法正常吃东西）很不得劲，总是要拔掉，不配合治疗，考虑姥姥的特殊情况，医院特别批准了让你妈到病房进行陪护，但医院要求进去后就不能出门了。之后，你妈建了一个"为老妈祈福"群，只有我和你妈还有大舅、二舅和两位舅妈6人在群里，主要是为了方便沟通信息，也为了不影响你们小辈的工作学习，就没有把你和几位表哥拉进群。我把昨天群里聊天的相关记录转给你看一下，便于你了解和掌握姥姥的病情进展情况。

　　你妈：我现在归置归置东西，拿上洗漱的，我就进病房了。

　　大舅：光你一个人也不行呀，不行就我们过去！

　　二舅：你进了病房，要听从医生的安排，不要由着妈的性子来！

　　你妈：人家只允许一个人，你这就不要提条件了，而且进了病房是绝对不能出的，不能换人，这些你们想都不要想了。我进去了就好办了，其他都无所谓了。这边的医疗条件好，我哪儿都能躺能坐，我需要啥的，让老李再送，这个你们一点都不用担心。你们也不用跑，我只是告诉你们一声。

大舅：知道了，到时候看看医生怎么安排，什么情况。

大舅妈：那你进去肯定没床，记得带个垫子。

你妈：没事儿，我现在联系我楼下邻居，她家有折叠床，好像有床垫，我正准备打电话向她借用一下。

我：头脑要冷静，想细一点，不是急的事！

二舅妈：秀，真的不是着急的事，控制好你的情绪。另外，你也要保证自己的饮食，不然身体就垮了，怎么照顾妈呢？我们在外面也帮不上忙，只能全靠你啦！我们一起为老妈祈祷吧，老妈一定会好起来的！

你妈：你们不要告诉爸我要去病房陪床的事，我告诉爸说我上班呢，免得他担心。我没事的，你们放心，在外面等待对我来说才是折磨。这都不是苦，离家也近，我要吃啥，老李送过来就行。

大舅：嗯，妹。

你妈：妈比我想象中的要好，眼睛睁开了，昨天还在发烧，今天不烧了。妈手脚被捆绑住了，知道我来了，委屈地哭了。

你妈：医院相当专业。

大舅：那倒行。

我：好好安慰妈，她一个人人生地不熟的，情绪上难免有波动。平时在家东摸西扯的，一刻也不停，现有自然是很不得劲。见到宝贝女儿得多开心呀，病也好了一大半，加油！

二舅：妹，老妈这两天受苦了，你一定给妈做好思想工作，她心里可能以为我们瞒着她的病情！

大舅妈：这下就不用担心了！

我：大哥、二哥，爸说这两天上火，不想吃东西，身体不舒服，一定要重视，老人年龄大了，耽误不得，别顾了这头忘了那头！每天去看看。

大舅妈：爸今天晚饭下来吃饺子呢！

你妈：你们告诉爸，妈的状态还不错，医护人员非常好，人家用的药也很好。

嫂，你们把爸照顾好，妈状态不错，眼睛比过去睁开了点，我就不用那么担心了。

你们开导爸，别告诉他我陪床，就说我可以探视。

妈妈睡得好香呀！旁边的阿姨说妈每天晚上总是哭，来了三拨护士安慰她都没有用，我来了立刻就好了！

二舅：妹，你必须和妈说她的病情，她或许认为自己的病很重，我们都隐瞒着她！

大舅：那就好！

二舅：妹，你抽时间休息，照顾好自己！

你妈：我看到妈妈了，心里痛快了！

大舅：妹，只能辛苦你了！

你妈：这点苦真不算啥，在外面那简直是折磨。

大舅：唉！

你妈：我今天问妈，她说眼睛有光感了！

二舅妈：照顾好老妈的同时也要照顾好自己！

　　这就是我们昨天微信群聊天的大概内容，通过这个微信群的聊天记录，你应该基本了解了姥姥当前的病情，往后会怎样，我会及时告诉你！

姥姥生病了（六）

2023.4.3

　　儿子，姥姥的病情在一天天好转，但听医生说这次脑出血对大脑意识有一些影响，所以姥姥有时清醒有时糊涂，吃东西还可以，你妈说昨天下午吃了半个馒头和一些蔬菜，尤其是我炖的羊肉山药，姥姥吃了好几块，你妈还表扬我做得好吃，我的印象中你妈从来没有夸过我做的饭，也许是医院的饭菜吃烦了吧。

　　昨天我去给姥姥买纸尿裤的事给你说一下，我认为值得一说。你知道，你妈是不会眼看着姥姥难受的，姥姥躺在病床上一会儿就尿，尿了就赶紧换纸尿裤，所以纸尿裤用得比较多。你妈每天都会把姥姥身体擦得干干净净，其他病床上的老人都很羡慕。你妈说医院的东西比较贵，让我到超市去买，但由于火上炖着羊肉山药汤，去超市太远，所以我就去了附近的药店。

　　我说买纸尿裤，人家给我拿了护理垫，说这个就行，我也没细看，买了3大包就往回跑。在回来的路上我发现不对劲，护理垫怎么能当纸尿裤用呢？我本来想算了，再回去找人家太折腾了，这个护理垫应该是共用的，既可以当垫子用，也可以穿在身上用。但走了一段路我还是折回去了，心想，姥姥这么大年龄了，躺在病床上本来就很受罪了，我们不能为了自己省事让姥姥穿得不舒服。

药店的人还说我太较劲，姥姥一辈子含辛茹苦，将来能活多少时间还是个未知数，我们必须珍惜与姥姥在一起的每一点时间，尽可能地不让姥姥受罪。

这也让我想起了你爷爷，对你爷爷我是有愧疚的，爷爷生病躺在床上，我们工作忙，路途远，一年也回不了几次家，都是大伯一家人和姑姑照顾。虽然我们回去尽可能地尽孝道，但又能管什么用呢？传统观念讲"父母在，不远游"，虽然现代社会子女很难做到"不远游"，但这里面要孝敬父母的道理我们不能忘记。我做得不够，我真是后悔当初没有多陪陪你爷爷，我现在比一般人更理解了"子欲养而亲不待"的深刻含意。所以，姥姥这次生病，我要尽一切努力，为姥姥减轻一些痛苦，让姥姥在家人的陪伴和温暖中度过这次病痛，也算是弥补一点我对爷爷的遗憾吧！

还有，昨天晚上大舅妈在群里展示她包的饺子，她说今天送到医院去。你想，姥姥这身体能吃几个饺子？但大舅妈还是包了，并且让大舅开3个多小时的车送过来。今天早上二舅妈发消息说让我到小区门口取一下快递，她给姥姥买了4盒面片。这仅仅是几斤饺子和4盒面片的事吗？这分明是对姥姥深深的挂念，一份浓浓的亲情。我们谁都没有劝阻大舅跑这么远送饺子，也没有说二舅妈寄面片的事，因为我们心里都清楚，"千里送鹅毛，礼轻情意重"！希望你能理解我们大人的心情，记住这一家人所经历的点点滴滴！

还有，你妈害怕医院早早地要求出院，给医生发微信请求多住几天，我看了又感动又伤心，也转给你看一下："主任早上好，我妈脑内出的血吸收得还可以，但血肿还在，吃饭还是不行，我请求您让我妈多住几天，营养液继续输，只要我妈能好起来，我吃什么苦都不怕的！"

你可知道，你妈已经在医院守护姥姥 15 个日日夜夜了，24 小时寸步不离，只有姥姥中间转到北京，医生不让陪护才回家住了一个晚上，但这一晚又何曾不是让你妈担惊受怕的一晚，早上天不亮她就坐立难安。现在姥姥意识明显出现了问题，有时整晚上折腾，吵着闹着要回家，你妈得受多少罪呀！再有，你妈没来得及带折叠床，后来又怕影响别人，就用你锻炼用的瑜伽垫铺在地上睡了 8 个晚上，听护工说整个住院楼只有你妈是唯一睡在地板上的人！

你看，这就是你妈对姥姥的爱！

补考又考砸了

2023.4.4

儿子，上周日英语机考进行了补考，这是中考英语机考的最后一次机会。出了考场你就给我打电话，你说考砸了，有一道选择题应该是答错了。这就意味着你的中考总成绩已经扣了 2 分，在中考的起跑线上，你就比别人慢了一小步。

从电话中我听出了你的懊恼，我没有责怪你，我说了，这是你自己的事，需要你自己去承受。之前我提醒过，你说都会了，在学校的机考中都是满分，可现实是什么？还是丢分了，说明什么？你自己去掂量一下。但我更多的是劝说你要记住这次教训，吃一堑长一智才行，一味地后悔恼火都没有用，事情既然已经发生了，唯一的补救办法就是纠正错误，不犯同样的错误。

你原来就有粗心和"差不多"的问题，认为差不多都会了，没有真正做到百分之百的掌握，有时还抱有侥幸心理，认为不会那么巧吧，个别不会的题就碰上了？还真就有这么巧的事，你怕什么就来什么。这次不就印证了吗？所以，学习上的事真的是不能马虎，必须老老实实，扎扎实实地学才行。

好在时间还来得及，起跑线上输了一小步，就在其他课目上补回来。你昨天说，自己调整过来了，要向前看，抓住后面的时间冲刺学习。我希望你能真正地认识到这个问题，不要时间一长又回到老样子，那么这次教训就没起到警示作用，我的话也就白说了。还有，我并不是说非要让你的学习成绩达到一流的标准，每次都得考满分，人是有差异性的，我要看你有没有尽心尽力，这才是我在乎的。你也大了，更要认识到学习不是为父母而学，将来什么样子，就是现在所做的结出的果，我之前与你交流了很多，你应该是明白的。

现在看你的学习态度说明你知道了为谁而学，为谁而努力。这个大的方向你已经明确，有了目标也有了动力，但要达到自己的目的需要一个具体的执行过程。比如掌握好的学习方法、克服惰性心理和具有坚强的意志等。如果仅仅是喊口号，我要争第一，我要得满分，没有具体地一点一滴地落实，一切都是镜中花水中月，永远实现不了个人的愿望。

你这次考砸了，我看到你确实是难过，我再与你说说如何面对挫折的问题。目前对你来说，最大的挫折不过是学习上出现的问题，随着年龄的增长你会发现自己的苦恼越来越多，这是每个人成长中必须经历的，无人可以跨越。将来还有高考、找工作、结婚生子、赡养老人等，这一路上你会遇到无数的挫折，你的心情关键取决于你面对这些挫折的态度和应对的办法。如果你认为挫折使你痛苦，那么你一定会是痛苦的。如果你看淡挫折，认识到这是一个人成长中的必需，经历一个个挫折会使自己更强大、更成熟、更有智慧，你就不会感到挫折有那么可怕了，甚至会认为，来吧，不过是一些风雨而已。那彼时的你，就已经成了真正的男人了。但说起来容易做起来难，你慢慢体会吧！

清明扫墓的遗憾

2023.4.11

　　儿子，4月5日是清明节，我本来是想带你去参加一些活动，切身感受和深入了解一下这个节日的由来和意义。但今年的清明节比较特殊，主要是因为姥姥生病住院的事，什么想法也实现不了，更别说回老家给爷爷奶奶和二姑扫墓了。

　　清明节又称踏青节、祭祖节，最早源自古时期对祖先的祭祀活动，是中华民族最隆重盛大的祭祖节日。每到这个时候，大到国家，小到家庭和个人，都会以各种形式扫墓祭祀，缅怀祖先和逝去的亲人，有的海外游子不远万里都会赶回来。这个节日能凝聚人心，增强中国人的民族认同感、归属感和团结意识。

　　同时，清明既是二十四节气中的一个节气，又是节气中唯一的节日，所以，民间的传统习俗也比较多。你小的时候，我和你妈带着你回老家扫墓，你应该还有印象，大伯带着咱们，还有姑姑和堂兄一起爬到山上，先是到奶奶的坟墓，把周围的野草锄干净，再点上香和蜡烛给奶奶磕头，说说话；又到爷爷的坟墓，也是一样的流程，最后还要去曾祖父曾祖母（爷爷的爸爸和妈妈）的坟墓上扫墓，转一圈下来，个个是满头大汗，也许你只是觉得好玩，不会有太深的记忆。但我想这种仪式会对你产生潜移默化的影响，包括你的家庭、家族观念和逐步形成的社会和国家民族认同感，其实都是通过日常各种形式的社会参与和自身感悟一点点积累起来的，并塑造成了自己的世界观、人生观、价值观。

这几年我们一直没有回老家，今年又是这么个情况，加上你马上中考，只能是期待明年了。前几天，你大姑、四姑都打电话问我回不回去，我把姥姥生病的情况说明了一下，她们说代表咱们一家给爷爷奶奶和二姑扫墓了。其实我清楚，这种事怎么能代替呢？但我心里一直装着爷爷奶奶和二姑，尤其是看到别人拖家带口地去祭祖，我心里很悲凉，我们该怎样对待逝去的亲人呀？现实中又是如此无奈。

姥姥生病了（七）

2023.4.12

　　儿子，早上你又问姥姥现在怎样了，我把这一周的情况再给你梳理一下。

　　姥姥出院后，在咱们家住了 4 天，你很高兴，说每天能看到姥姥了，早上起床第一件事就是去姥姥的房间，还帮姥姥穿鞋揉腿，问长问短。还劝说姥姥就住咱们家别走了，你的这些言行举止，我和你妈都看在眼里，你真是一个孝顺的孩子，我们做父母的心里真的很欣慰！

　　你问我为什么还要把姥姥送到康复医院去，我当时没说得太清楚，现在再解释一下。姥姥的病情控制住了，但姥姥是小脑出血，小脑和脑干都位于后颅窝，脑干又属于重要的生命中枢，出血的这个部位非常危险。好在姥姥小脑出血量不大，在 10mL 之内，却是直接压迫了相关神经，刚开始还出现了意识不清和语言障碍问题，目前这两项基本恢复了。但整个身体的右半区还是僵硬，不能自己吃饭和走路，所以，一定要到专业的康复医院做进一步的治疗。

　　本来想直接把姥姥转到康复医院去，担心来回搬移对姥姥的身体有影响，康复医院也没有床位，就在家里等着。直到前天医院有床位了，我们才又把姥姥送去了医院。

康复主要是对身体有问题的部分进行各种训练，还有专业的按摩和针灸，通过一段时间系统的训练治疗后，我认为姥姥的身体基本可以恢复到原来的 90% 以上。但姥姥的眼睛就没有办法治疗了，医生说右眼眼底彻底坏了，已经完全失明。左眼还有一点点光感，能保留这点光感就是姥姥的唯一希望，我们也在想尽一切办法让姥姥留住这点念想，但很多事不是我们的能力所能做到的，有时候也只能是听天由命了。

还有医院陪护的问题，我们也是没辙了，你妈这么长时间都不上班了，你想，再这样下去，工作会丢的。大舅二舅家的情况你也知道，大舅妈自己还癌症化疗呢，二舅妈的亲妈还瘫在床上！他们当然有这个心，但我们也不忍心呀！姥姥眼睛看不见，一般的护工还真是陪不了，姥姥又比较抵触治疗，主要是姥姥怕花钱，比如昨天医生让去做 CT 检查，姥姥就是不肯去，说又要花好多钱。好在姥姥毕竟进入康复阶段了，姥爷身体还比较硬朗，陪护姥姥问题不大，俗话说"少年夫妻老来伴"呀！

我们与大舅二舅商量后，由大舅把姥爷送过来了。我主要是担心姥爷毕竟八十岁高龄了，耳朵又有些聋，还不会用智能手机，现代社会几乎离不开智能手机，就连医院订饭也要手机扫码。前两天，我们把姥姥送到医院，姥爷这个愁呀，坐也不是站也不是，好像生怕我们离开。我和你妈与护士反复沟通，把姥姥和姥爷的情况都说了，其实医院不愿让姥爷陪护，说没听说过八十岁老人陪床的，但我们这情况特殊，人家也说试试看。你妈自然每天在医院待几个小时，要不然，姥姥没好起来，姥爷又会倒下去了。

结果，你也能猜想到，昨天晚上我打电话问姥姥情况，姥爷说姥姥情绪很大，还呕吐了，就是要回家，姥爷也显得没耐心了。我和你妈商量，决定今天把姥姥接回咱们家来，也与医院打好了招呼，医院也觉得只能这样了，这种情况还不如到家里慢慢康复。算起来姥姥就在医院住了两天，费那么大劲没起什么作用，这就是姥姥当前的情况。

我再说说为什么姥姥3个儿女，好像就只有你妈在照顾。这是一个特殊情况，在县城的话，你看都是大舅二舅他们守在医院，你妈是担心男人粗心，对他们不放心，其实你妈忘记了自己也是个粗心的人。再说你妈对姥姥的感情你是知道的，她怎么会在姥姥生病的时候不在身边呢？但转到北京来之后，大舅二舅更是插不上话，大舅生活在山沟里，又不太会交流，对大城市有些发怵。二舅虽然生活在小县城，但对北京这样的大都市来说，他同样是两眼一抹黑，很多时候也是不知所措。我和你妈毕竟在北京生活了这么多年，各种情况还比较熟悉，所以，我们来陪护和照顾姥姥是理所当然的。

大舅二舅天天问姥姥的情况，心情与我们一样，再说，医疗费用3个儿女一起分担。至于谁照顾多一点少一点，谁出钱多点少点，我们大家谁都不计较。再说了，姥姥姥爷生活在农村，不也是大舅二舅照顾得多吗？他们从来没有说我们照顾得少吧？所以，在这件事情上，我们要有胸怀，我希望你做一个有格局、大气的男人！

还有，姥姥到咱们家康复，时间会比较长，对你做作业可能多少有点影响，你要有耐心，当然这一点我是相信你的，对姥姥你是不会没有耐心的。我主要负责饮食保障和身体训练，每天把家里的事情安排好，工作和生活两不耽误。姥爷负责日常陪护，你妈看到姥姥一天天好起来，也会安心上班的，咱们就这样计划吧，共同期待姥姥早日康复！

考试睡着了

2023.4.14

　　儿子，我昨天下午接你时，你拎着书包的疲惫样子，好像是跋涉了千山万水，你说学习累，又说中午还打球了。

　　早上出门时我还叮嘱你说这几天有沙尘暴，千万别打球了，可你就是不听。先不说学习的压力，单看这天气，这几天北京连续出现沙尘暴，满天的沙尘无孔不入，对人的身体伤害是很大的，尤其是容易产生呼吸道疾病、眼部疾病、消化道疾病，因为沙尘中会混杂大量花粉、细菌、病毒等过敏原，会诱发皮肤瘙痒、红肿等情况，还会对消化道黏膜产生刺激，引发胃疼、腹泻等问题。如果沙尘进入眼睛，会引起过敏性结膜炎等。你看这几天谁还在室外运动？你想放松，可以在教室或走廊里活动呀！

　　你说沙尘对你没什么影响，那是因为你年轻，身体素质好。但对沙尘暴的危害绝对不能大意，你可能还不完全清楚这沙尘暴是怎么回事，我简单给你说说，希望你有些警醒。

　　这段时间，北京气象部门隔三岔五就发布大风沙尘蓝色预警信号，我查了一下，今年以来我国已经 8 次遭遇了沙尘暴天气，波及 18 个省份，影响面非常大，危害也很大。沙尘天气分为5种，强度最弱的叫浮尘天气，稍强的叫扬沙，再强的依次是沙尘暴、强沙尘暴和特强沙尘暴。沙尘暴是指强风将地面沙尘吹起，使空气很混浊，水平能见度小于1千米的天气现象。今年入春后，沙源地温度高雨少，土地变得干燥，草木覆盖率下降，大风吹来时，就把地表的沙尘、沙砾等扬起来，形成了沙尘暴。我们遇到的沙尘天气，是强风经过蒙古国和我国内蒙古西部、甘肃等地沙源地时，将沙尘卷到空中，随着低空气流向东、向南移动，就造成了如今的沙尘天气。这也说明我国生态环境出现了问题，尤其是西部地区的生态环境问题还很严重。

我说这些，是想让你知道沙尘天气对生态环境和个人健康的影响，你要认真对待。至于学习，你说昨天英语考试睡着了，最后一道题没有做，还是老师把你叫醒的，我觉得不可思议。虽然是普通的测试，怎么会考试中就睡着了呢？晚上你是睡得晚一点，一般十一点半也上床了，我是一直在盯着你的，睡眠不够还不至于到这个程度吧？所以，你要分析一下，是不是在睡眠严重不足的情况下，你还惦记着课间打篮球，如果这样的话，拖着极度疲惫的身体上课学习，考试睡着了也就不奇怪了。

我知道你爱运动，但要记住，任何运动都要在身体状态很好的情况下进行，你这种情况下运动，一是耽误了学习，昨天就是个教训。二是容易受伤，马上就要中考了，此时受伤意味着什么，你比我更清楚。

养成节约的习惯

2023.4.19

儿子，你昨晚指着右眼说眼睛痛，我一看真是有些红肿，让你休息一下，你头也不回地叹气说："都学傻了！"让你休息你又不听，都十一点半了，作业还没做完，上床还要背资料，我和你妈很是心疼。

以前我们总是督促你学习，生怕你偷懒，现在倒好，又总是劝你早点休息，真是矛盾呀！一模马上就开始了，你自己把握好学习的时间和节奏吧，尽量是学习与身体两不耽误。当前你要考虑拼命学习，身体上会不会出问题，拼命学也不是不要命了，熬夜不超过晚上 12 点，原来我说过这个问题，没有好的休息就不会有好的精神状态，没有好的精神状态就不会有好的学习成绩。你现在虽然保证不了足够的睡眠，但也要达到基本线，如果晚上熬夜学习，白天上课睡觉，你说这不是本末倒置吗？哪怕作业做不完，也不要太晚睡，再找时间补救就行。其实老师安排的作业也考虑到睡眠的问题，你要提升做作业的效率，自己加练的部分适可而止。我昨晚看到你的学习状态，今天简单与你聊聊，关键要看你自己如何把握！

我再跟你讲一下节约的问题。现在天气暖和了，你总是要喝瓶装矿泉水，理由是简单方便。其实家里烧好的凉白开也可以喝呀，你大概是看到别的同学总是喝矿泉水受到了影响。让我说什么呢，这都不是什么大事，我们家的消费水平也承担得起，但我认为你要考虑一下，你在家里就喝凉白开，如果出门在外可以买矿泉水。你现在出门打车基本改成了拼车，有时甚至是骑共享自行车，这是你自己提出来的，所以你内心是有节约和不乱花钱的意识的。这样的小事，如果意识到了，你会自然地养成节约和朴素的生活习惯，你也会更懂得生活和理解生活。

还有一点，上次回去看望生病的姥姥，姥爷给你带了一盒集市上买的蛋糕，带回来你就不吃了，你说当初是怕姥爷伤心所以才带的。这就不对了，姥爷是为你买的蛋糕，你为了哄他高兴才带的，你本来是好意，但下次还是要说明白，不喜欢吃就说不喜欢，说清楚了姥爷也不会怪你。你不喜欢吃又带回来，我和你妈也不爱吃，在冰箱放了快1个月了，都发霉了，这样不就浪费了吗？一定要记住，生活中很多的事不要张嘴就来，需要动脑思考一下，什么该做，什么不该做。祝你有更大的进步！

我们这一代人节约意识根深蒂固。即使现在生活富裕了，也改不了这种观念，并完全相信节约是一种优良品质，也希望你能接受并传承下去，你要多理解、多体会我的心思。

姥姥生病了（八）

2023.4.20

　　儿子，恐怕我们都没有想到，昨天晚上会出现惊心动魄的一幕。

　　姥姥生病以来，我们家所有人的情绪都随着姥姥的病情而起起落落，大家一起惶恐、一起悲伤、一起流泪，也一起惊喜、一起欢笑。我们彼此安慰，相互鼓励，原本一切都在向着美好的愿望渐渐靠近，但这几天姥姥又连续尿床了，姥姥的病情并没有我们预期的那么好。

　　我最担心的是姥爷的态度，果然，一向没有耐心的姥爷终于发作了。我出去给你买签字笔回来，姥爷就怒气冲冲地责怪我为什么不让他带着姥姥回老家。我看到卫生间地上一堆的衣物，就知道是姥姥又"闯祸"了，我很清楚这时候劝说姥爷没有用，也完全理解姥爷的心情。姥爷整天憋闷在这小小的空间里，一天24小时寸步不离，对他来说，大山和土地才是他自由的天地，才是他活命的源泉，现在的样子对他来说不就像监狱里的犯人吗？再让他干张飞绣花似的伺候人的活，对他来说就是一种折磨。

　　姥爷的性格和脾气我是知道的，姥爷没有文化，他就是一个地地道道的大山里的农民，所有的表达都是直来直去、朴素、简单而直接。饿了就吃，困了就睡，恨了就骂，气了就哭，这就是你的姥爷。

我真是不知说什么好，我们都怕姥姥受到刺激，因为姥姥是要强的人，对自己的病情原本就很悲观，加之这次眼睛几乎完全失明，对她来说打击太大了，没想到姥爷这个时候，这么控制不了自己的情绪，完全不顾及别人的感受。姥姥像一个做错事的孩子，任凭姥爷怎么责骂一句话也不说。我想姥姥心里一定也很委屈，她会不会想得更多、更复杂？如果她只往坏处想，再做出什么出格的事来，我都不敢想我们这个家，尤其是你妈如何面对。

你妈回来后，冲着姥爷就是一顿怒火，让姥爷立马自己坐大巴车回老家，她完全忘记了自己的父亲已经是八十岁的老人了。姥爷气得直打自己的脸，嘴里一个劲儿地喘着粗气，我拉都拉不住。我一边揉着姥爷的后背劝说，一边说你妈晕了头了，都这时候了还较什么劲呀！"妈躺在床上，爸再倒下了，你想过这后果吗？"我又赶紧把你妈推出房间，让大家都冷静下来。你的表现很不错，也过来劝说姥爷放宽心。我知道，你今天还有学校安排的一模前的测试，昨晚这一通吵闹影响了你的学习，但你想，我们除了包容还能怎样？

让姥爷来伺候姥姥是大家的主意，也是姥姥和姥爷自己要求的，可时间长了，姥爷没有了耐心，尤其是看到姥姥病情出现反复时，姥爷非常悲观、失望。最主要的是，姥姥姥爷不把自己的命当回事，都认为活了八十岁了，再活下去也是多余，他们俩都认为拖累了大家，又怕花钱，可他们却没有想过越是怕麻烦儿女们，越是给儿女们添麻烦。比如今天的事，如果姥姥静下心来好好养病，姥爷耐心细心陪护，就不会发生了。当然，我们也要理解他们的心情，他们的爱情早已化作清净如水的亲情，此时的怒火只是一时之气，说什么或做什么往往不代表内心的真实想法。后来，你妈和姥爷又在一起抱头痛哭，诉说着自己的不是，他们一起牵着姥姥的手，内心都因为姥姥的生病而凄苦；他们爱恨交织，共同承受命运的坎坷。我在一旁也是眼泪汪汪，看到这个画面，不由得想起《人世间》的主题曲歌词："命运的站台悲欢离合都是刹那，人像雪花一样飞很高又融化，世间的苦啊，爱要离散雨要下……在妈妈老去的时光，听她把儿时慢慢讲。"这何曾不是我们一家人命运的真实写照呀！

　　我的心结也解开了，我想，只要一家人相互信任，相互鼓励，任何困难都能挺过去，我们一起为姥姥祈祷吧！

让阅读相伴一生

2023.4.23

　　儿子，今天是世界读书日，这个日子非常重要，你现在可能还不太明白为什么重要，从一件事就能看出来，我前段时间故意问你电视上的一则公益广告是什么意思，你看完后很疑惑，憋了半天说没看明白。也可能是你刚学习完从房间走出来，还不清醒。我后来告诉你这是一个关于读书的公益广告，你看画面里飞机上的一盏射灯、渔船上的一抹光亮、小巷的窗户里透着的光，都是在表明在这夜深人静的时候，依然有千家万户在点亮一盏盏阅读的灯，广告的目的就是要呼唤人们，尤其是青少年从小养成读书的习惯。

　　我原来也一直告诉你要多阅读，你小时候也没少看书，只要是你喜欢的书，我二话不说立马就买。但后来你就渐渐地与阅读疏远了，你说没有时间，作业都做不过来。你说的也是客观事实，但我想关键还是你没有养成阅读好书的习惯，你现在不也一直在看玄幻小说吗？这种小说可以读，可是仅仅读这一种类型的书籍，是不是太无趣了呢？可能这种小说能让人放松，但长时间地关注这一个点，知识面得不到好的拓展，我希望你改变一下思路和想法，尝试阅读更广泛的书籍。

现在你确实是时间紧，马上要中考了，但人生是一个漫长的过程，青春期这一段时光既短暂又格外重要，现在紧张也是暂时的，下一步步入高中阶段，也不是上来就冲刺，要把握时间的节奏，所谓一张一弛文武之道，说的就是紧张与放松要交替进行，就像一张弓，总是紧绷着，迟早会折的。所以，在学习之余自己找时间看书，再说，时间总是挤出来的，这个道理我原来就讲过，你也明白。

　　我还要多说几句为什么要读书和怎么读书的问题。1972年，联合国教科文组织向全世界发出了"走向阅读社会"的号召；1995年，联合国教科文组织正式宣布将每年4月23日定为"世界图书和版权日"，并在1996年更名为"世界读书日"，致力于向全世界推广阅读、出版和对知识产权的保护。世界读书日的宣言是这样的："希望散居在全球各地的人们，无论你是年老还是年轻，无论你是贫穷还是富有，无论你是患病还是健康，都能享受阅读带来的乐趣，都能尊重和感谢为人类文明做出巨大贡献的文学、文化、科学思想大师们，都能保护知识产权。"你看，阅读是多么广泛，阅读可以超越一切界限，阅读无疑是人们生活中的精神食粮！

　　世界读书日的来历源自一个美丽的传说，4月23日是西班牙加泰罗尼亚地区的"圣乔治节"，传说美丽的公主被恶龙困于山中，勇士乔治只身战胜恶龙，解救了公主，公主回赠给乔治的礼物是一本书，从此书成了胆识和力量的象征……而读书的好处举不胜举，每个人的成长甚至成功都需要基本的知识和技能，有的是学校老师教的，有的是工作后的专业学习和培训获得的，但最后能成为什么样的人，与个人读书学习密不可分。

我查阅了一些资料，全世界几乎所有成功人士，没有一个是不爱读书的。你想，要了解得更多，懂得更多，创造得更多，仅仅是学校和工作中的知识积累是远远不够的，而书籍包罗万象，无所不有，你可以获得更多的知识，可以说书籍是你解开人生密码的金钥匙。再有，读书让人获得知识外，更大的好处是能使人更好地理解人生，从而能更优雅地生活，从容面对世间万物，比如读历史人物故事，你会站在巨人的肩膀上看得更远，你会树立更远大的志向，你甚至会从中看到自己的影子。

总之，读书的好处太多了，你要认真想想，自己的快乐在哪里，自己的未来在哪里，随着年龄的增大，你的困惑和苦恼也会更多，父母甚至老师都解答不了，怎么办？你要到书中去寻找答案，尤其是知识类的书籍，包括哲学和自然科学、社会科学类的，有的读起来是很枯燥的，但心中有了问题做牵引，你会慢慢地读进去，而一旦你读懂了，你就会豁然开朗，仿佛全世界都在你的掌握中。我强烈建议你好好思考这个问题，让读书成为你的习惯，并伴你一生！

做一名服务社会的志愿者

2023.5.2

　　儿子，昨天是五一国际劳动节，我还是要延续过去的交流方式，每逢节日或重大事件都要与你说一说，我希望你多多积累对生活中这些不起眼的"小事"的认识，时间长了，积累多了，你会更多地懂得生活的意义。

　　这个节日也是有来历的，你在历史课中可能学习过。19世纪，美国和欧洲的许多国家由资本主义发展到帝国主义，资本家获取利益的主要手段就是不断增加工人的工作时间和增强劳动强度来残酷地剥削和榨取，后来工人们陆续开展各类形式的罢工进行抗争，发生了许多流血牺牲事件。1886年5月1日，以美国芝加哥为中心，在美国举行了约35万人参加的大规模罢工和示威游行，示威者要求改善劳动条件，实行八小时工作制。1886年5月3日芝加哥政府出动警察进行镇压。1889年7月，由恩格斯领导的第二国际在法国巴黎举行代表大会，会议通过决议，1890年5月1日，国际劳动者举行游行，并决定把5月1日这一天定为国际劳动节。我国是1949年12月作出决定，将5月1日确定为劳动节，并在这一天全国放假。

　　我们家的这个"五一"又是比较特别，你5月4日就要一模考试，我问你想不想出去玩个一两天，你说哪里也不想去，全力应对一模。我的印象中，这是你长到这么大来第一次在家过"五一"，对于你这个年龄的孩子来说，确实有些委屈，我和你妈其实并不希望你这5天一直在家学习，出去放松一下的时间还是能挤出来的，但这是你自己的决定，我们完全尊重。

这几天家里发生了一些变化，姥姥回家了，你是不是觉得家里冷清了好多？我也是这种感觉，姥姥姥爷早就耐不住性子了，都说金窝银窝不如自己的穷窝，在姥姥姥爷心中，他们只有回到自己的家才有归属感。你看，在咱们家也没住多少时间，姥姥身体恢复得好一点就天天嚷嚷要回去，也许回到自己的家姥姥恢复会更快些，你妈跟着回去了，我们也可以放心，真希望姥姥能尽快恢复到原来的状态！

这几天平静的生活中唯一有点波澜的是程博哥哥来我们家，他说学校放假了，他在保定举行的马拉松比赛中做了一天的志愿者。我对做志愿者非常赞成，志愿者是自愿进行社会公共利益服务而不获取任何利益、金钱、名利的活动者，没有任何功利思想。他们这次参加的马拉松志愿服务，是为跑马拉松的运动员提供各类服务，比如提供饮用水、食物、简易医疗用品，当啦啦队给运动员加油鼓励，在赛道设置标志和指示牌，收拾垃圾……看上去都是一些小事，但也很锻炼人，尤其是你这样性格偏内向、社会公益活动参与少的学生，通过参与志愿者活动，一定会让你的认知有大的提升。平时在家，都是我们围着你转，我和你妈包括家里其他人都是让你全身心投入学习中，全力保障你的学习和生活。如果有一天让你放下一切私心杂念，没有任何回报的前提下去为别人服务，甚至得不到一句谢谢或者还可能会受到一些委屈，你会不会觉得是到了另外一个世界？

以后有机会，不管什么形式的志愿者活动，我建议你积极参加，学会为别人着想是一个人走向成熟的标志，这其中还有很多做人的道理，你只有亲自参与了、体验了，才会真正明白其中的价值和意义，希望不久的将来你能做一名服务社会的志愿者！

参加全国青少年足球联赛

2023.5.8

儿子，我感到这段时间比较乱，咱们一起分析一下存在的问题和不足，还有下一步需要做些什么事，让我们的生活和你的学习更有条理，为即将到来的中考做充足的准备。

现在姥姥回老家了，她的心情好多了，身体在不断好转，恢复得还不错，毕竟快八十岁的人了，不能指望像年轻人一样恢复得那么快。上周我把你妈也接回来了，你妈正常上班了，快 2 个月时间没怎么上班，家里也是一团糟。现在好了，咱们家基本回到正轨了，这是一件值得庆贺的事。

在学习方面，我认为你是懂事而且努力的，我和你妈也没有怎么操心，你自己每天安排学习，我只需要保障你的生活就行。上周的一模考完了，你倒是很平静，只是觉得题目比较难，这很正常，一模就是要检验你们学习的效果，预演中考的流程，让你们有紧迫感和心理预期。再过几天分数就出来了，你还是要对自己有个准确的定位，考好了不骄傲，说明你的付出有了回报，让自己更加坚信一分付出就有一分收获；考得不好，也没关系，说明努力的程度或学习的方法存在不足，需要你进一步调整状态，好好反思一下存在什么样的问题，主要的问题出在哪里，然后根据找到的问题一个一个去解决，毕竟距离中考还有 1 个多月的时间，你只要有决心去找出问题，再努力地解决，我想你最后的成绩还是值得期待的。

再就是足球的问题，这段时间基本没怎么训练，因为学习任务很重，所以没有给你任何的压力，但前几天俱乐部参加全国青少年足球联赛，我也是征求了你的意见才报名的，再说教练跟我说了好多次，你又是绝对的主力队员，这个时候克服困难也要参加。从参赛效果来看，我认为是很有价值的，我的印象中这是你第一次参加这种重大比赛，虽然与两支职业球队的比赛都输了，但你们也有很多的收获。就你个人来说，两场球都踢满全场，你的身体条件放到职业队里也是出众的，这是你的优势和值得骄傲的地方，教练也总是把你放在最重要的位置上。比如第一场对重庆的一支队，当左后卫连续被对手突破，教练赶紧把你从后腰位置调到中后卫，加强这个方向的防守。第二场也是，哪里出现防守问题，教练都第一时间把你调过去，也说明你在整个球队的作用。你们毕竟不是职业球队，已经很不错了，何况这是 17 岁年龄组的比赛，而你只有 15 岁，你要看到自己的长处，不要失去信心。

还有一点非常重要，比赛前的升国旗唱国歌仪式，你是不是觉得很新鲜？因为原来从来没有过这样的亲身体验，你说这场面让人有点紧张，我也是第一次有这样的体验，国歌虽然是放的录音，但让人顿时感到庄严而肃穆，你们所有人也都面向国旗，跟着一起唱起来，这难道不是一次生动的爱国主义教育吗？比起在教室里讲的道法课是不是更生动，更让人记忆深刻？如果你把这样的过程、体验和感受写成作文，是不是比你绞尽脑汁埋头想出来的作文更生动，也更有现实意义？所以，你参与其中是多么荣幸啊，你不要把是否走职业足球运动员道路作为唯一标准，而更要感受和享受其中的乐趣，这样你的人生会更丰富，也更有意义。

当然，通过这种大赛，你也看到了自己的差距，主要是你重大比赛经验不足。中考之后，你还是要保持对足球的热爱，现在只是特殊时期，也许以后还有机会，比如高中或大学的足球联赛，只要保持热爱和追求，机会会在不经意中出现。你不要因为当前的困难和学习的压力而灰心，把眼光放长远一点，要记得时间在希望就在。

另外，这几天的比赛让你感触很多，心情也比较躁动，现在你需要把心静下来，把所有的心思和精力都集中到学习上来，对已经过去的事念念不忘只会导致更加心事重重，导致后面的事也做不好。还有，早上你突然要穿平常的衣服去上学，我很严厉地指出绝对不行，我知道那是你喜欢的短袖，我也理解你这个年龄的虚荣心，但统一穿校服，是学校的规定，虽然也有同学不遵守这个规定，但我不希望你成为其中之一，这个道理你是明白的。好在你马上换回了校服，虽然脸上写满了不情愿，但只要做了就说明你自我控制能力还不错，自己好好想想吧。下一步时间会更紧张，人生的关键处就那么几步，希望你每一步都不要迈错！

一模成绩的喜与忧

2023.5.11

儿子，早上你一声长叹，感慨说今天的体育课是你们在学校的最后一堂体育课了，明天考完体育后，直到中考前都不会再有体育课了。我完全理解你的心情，你是一个重感情的孩子，三年的学校生活，最后一次体育课，也是最早结束的课程，一种马上要离开学校的感觉油然而生，操场上的挥汗如雨，同学们的嬉笑打闹，一个个令人激动的场景和一幅幅生动的画面一定在你的脑海里闪过无数次了。人生就是如此，再美丽的花朵都有凋谢的时候，再美好的团聚最后都要分离。但我们现在的任务还很重，这种感情先暂时放到一边，或埋在心里，到中考结束后，你再和同学老师们尽情地表达和畅快地沟通，我一定会支持你的。

首先我说说昨天有关一模考试的事，昨天下午放学前学校公布了成绩，你显得很兴奋，说这次考得不错，比上次提高了50多分，我也为你高兴，这都是你自己努力的回报！但当你得知在学校的排名后又表现出一脸的迷茫。我也通过微信问了班主任老师，她告诉我："终于进200名了，还要加把劲，还能再提高。"随后又说："课间还玩儿得不亦乐乎，明天我还得找他说一说把这时间都用起来！"信息后面还有一个"偷笑"的表情符号，这说明老师的心态很好，对你也是报以很大的期待和赞许。你可能是对自己虽然进步了不少，但并没有达到你理想的目标而有些郁闷吧。我认为这没有关系的，首先你自己努力了，而且事实证明你又进步了不少，学校近700名学生，你在这一年的时间有了这么大的进步，难道不值得庆贺吗？所以你完全不用气馁，只要保持现在的状态，甚至付出更大的努力，就像老师说的，把课堂和课间的时间都利用起来，你会有更大的收获。你也说老师把你分到了一个学习比较强的小组，你们总是一起讨论学习，分析问题，这就是良好的学习方法，说明老师把你当作有后劲的孩子，你要加倍珍惜！

其次，你要认清自己当前的学习状态，现在你每天安排得都很满，我和你妈基本不干涉你的学习，因为我们完全相信你，但该放松时还得放松，比如老师说的课间时间，你自己来把握，如果确实累了，你与同学们开个玩笑，或者做个小游戏之类的，我是赞同的，关键是你要把握好这个尺度。还有对自己成绩的情况要搞清楚，你不是学霸，对自己的期望值不要定得太高，也不是说不会出现奇迹，还是要一步一个脚印，扎扎实实地往前走。

最后，时间还来得及，距离中考还有1个多月的时间，以你目前的追赶步伐和精神状态，再调整一下心态，精准找出各科存在的问题，我认为进入200名以内是完全有希望的。所以，你既要调整好心态，也要调整好目标，以最后 100 米的高强度冲刺姿态去完成自己的学习使命，努力吧，你能做到，我完全相信你！加油！

母亲节

2023.5.15

　　儿子，昨天又是一个很有意义的日子——母亲节。你细想一想，是不是每逢重大节日或是传统习俗，我都会给你讲一讲它的来历和现实意义。其实，这些小知识很容易查得到，我之所以这么认真地摘录下来给你看，而且希望你每次都能认真地看一看，是因为我觉得这样从小积累的知识会形成有条理的记忆，这种记忆和认知又能慢慢地塑造成你的价值观，你长大后对家庭、家人、国家和民族会自然地增加一份认同感。你要相信父母对你的成长是用心的，我们传递的任何信息你只要重视，对你的成长一定会有帮助的。

　　我现在跟你讲一下"母亲节"的来历。其实母亲节最早起源于古希腊，这里面的故事太长就不说了，而现代的母亲节起源于美国，是每年5月的第二个星期日，后来传到了我国。现代的人以各种形式表达对母亲的孝敬和感恩，而给母亲送康乃馨是最常见的方式，康乃馨代表美丽、高雅。你看昨天晚上，我特意以你的名义给你妈买了一小盒蛋糕，上面写着"母亲节快乐、妈妈我爱你"。蛋糕上有一朵美丽的康乃馨，设计得很巧妙，也很温暖。昨天我去买的时候蛋糕店里好多人都在买母亲节蛋糕。

　　我的母亲，也就是你的奶奶早就去世了，她没有赶上好时候，这是我终身的遗憾。而我买母亲节蛋糕，主要是让你参与和感受这个仪式，让你懂得感恩母亲。你妈平时对你怎么样你最清楚，你妈的个性粗犷一点，没有那么柔情，每个母亲对儿女表达爱的方式是不同的，但母爱的本质永远都是一样的。

　　昨天天刚亮，我和你妈就回老家看望姥姥了，这也是之前与你说好的，因为再往后时间更紧张，刚好昨天又是母亲节，所以去看姥姥更有意义。姥姥看到我们自然是高兴得不得了，我和你妈利用这宝贵的时间陪姥姥说话，为她按摩身体，妈妈还帮姥姥洗澡剪头发。姥姥恢复得还不错，回到老家，姥姥心情舒畅多了，基本可以自己走路了，只是需要身边有人看护，怕姥姥眼睛看不见不小心摔倒。姥姥晒得黑不溜秋，她说就是想晒太阳，可能是在病床上躺的时间太长或是以前下地干活就习惯了晒太阳的缘故吧。我开玩笑说姥姥都快成非洲人，姥姥笑了，露出了洁白的假牙，更像是一个非洲老太太了！

　　你看，我和你妈就是以这种方式热爱着自己的母亲，没有更多亲密的语言，也没有城里人的浪漫和诗情画意，爱的表达就是这样的，只要发自内心，什么方式并不重要。让我难忘的是，我们走的时候，天空突然乌云密布，一会儿就下起了大雨，姥姥就是不肯进屋，她是多么舍不得我们走呀，交代你妈多穿点衣服，她都忘了现在已经是立夏了，拉着你妈的手又把你妈卷起的衣袖放下来，生怕你妈着凉。

还有一件事与你说一下，你昨晚突然说找不到眼镜盒了，还急匆匆问我看到了没有，我有点不耐烦，生活要有秩序，自己的物品不要乱放，要归类放置，不然就容易找不到。东西找不到先不要慌，先仔细想一想，不要东西找不到就盲目地问这个问那个，好像别人拿了似的，容易引起误会。你最后不还是自己想起来了吗？要把心静下来，那样头脑思路就清楚了，一定要记住，发生任何事不要慌，总有办法解决！

生活要有秩序和规矩

2023.5.16

　　儿子，我知道你对我昨天晚上的态度很不满，直到今天早上都不说一句话。我承认有些冲动，不应该气愤地把门口的双肩包踢到一边，也请你理解我的心情，招生的学校老师已经通知我了，这周四就有足球特长生测试，月底还有区里的复试，我为你准备资料，翻箱倒柜地找获奖证书，还要填表盖章等，也是焦头烂额。

　　你虽然在俱乐部足球水平拔尖，但招生的学校名额很少，都说你没问题，但没到最后不能确定。如果你认为我做得过分了，我向你道歉。你也想想你自己的问题。总的来说，虽然你各方面都在不断地进步，但问题依然不少，包括我指出的生活或学习中的问题，有些问题还是反复出现，有的错误还在不断重复，比如，每次训练或外出回到家，你把包里的东西掏出来后，包就扔在门口不管了，我说过好多次了，生活要有秩序有规矩，什么物品从哪里拿的就往哪里放，你就是随手放。只有我们共同维护才能让这个家既干净整洁，又舒心温馨。只有我们相互关心关爱，才能和和美美，相亲相爱。仅仅是我和你妈单方面地爱你照顾你，而你连扫把倒了都不扶一下，更不知道要去帮助、爱护父母和这个家，你长大了会是什么样子？这样的家庭能和谐吗？你小的时候不懂不怪你，可你渐渐长大，必须建立生活的秩序了，而且我反复提醒你，可是你不断地重复错误，我能不生气吗？

　　招生学校需要你的一寸免冠照片，原来的照片不太好，我想给你重照一张，但你的头发太长了，我怎么照都拍不出你青春的样子，我气得不照了。当然有我情绪上的问题，但你的头发确实长了，都快把眉毛挡住了，我怎么看怎么别扭，实在忍不住发脾气了。原来头发长度大体上过得去，学校也抓得紧，但你们快毕业了，学校基本不管了，可我和你妈真的希望你在保留个性的同时，也要考虑我们的感受，我们的价值观是做任何事不出格，平平常常，规规矩矩。如果你上大学了，我和你妈也算完成了父母的责任使命，你留长发我一定不会管，我们尽到了为人父母的责任，剩下的就是你自己的事了，生活过得好或赖都是你自己的，我们绝不会过多地提要求或干涉你的生活。

　　说了这么多，你也知道我昨晚为什么生气了，你要把我讲的分析一下有没有道理。学会为别人着想是一种格局，如果总是一味地沉浸在自我的世界里，不会站在别人的立场和角度考虑问题，永远成为不了一个顶天立地的男子汉，我希望你认真地想一想我说得对不对！

与学校成功签约

2023.5.23

儿子，我这两天真的很兴奋，咱们昨天居然真的与学校签约了。我一直觉得自己在做梦，这是多么不可思议的事，前一天我还在焦虑和惶恐，没想到学校老师很快就通知我们周一早上 8 点赶到学校签约。

可以说，在你们学校和我周围朋友的孩子当中，你是第一个签约的学生，作为父母我们为你高兴，为你骄傲，因为这是你自己努力的结果，是你这么多年的坚持最终得到的回报。你也要感谢父母，感谢老师，感谢教练，感谢身边关爱你的人，更要感谢你自己。这些年足球环境不尽如人意，你一直在孤独地前行，但你没有放弃，你咬牙坚持到了现在，终于以自己的硬实力经过层层选拔，成功站在了闪光的舞台上。

你现在这个年龄肯定想不到这件事有多大的意义，有的时候就是在不知不觉中一个人的人生轨迹就发生了改变。你就是这样的，一分付出一分收获，天上不会掉馅饼，学校与你签约是因为你的足球水平出众，这是你日积月累的默默付出获得的成果。但高兴之余，我还要提醒你，不能有任何的骄傲自满，这个月底还有二模考试，6 月底还有中考，不能因为学校签约了就不再学习了，昨天签约时校长还特意问了你一模的成绩，你的成绩尽管还不错，但与学校的要求还有一点差距。校长交代说，足球特长生要更加重视学习，足球训练占用了一定的学习时间，但不要把足球当作影响学习的理由，只有比别人付出更多，最后才能在学习和足球两方面取得双丰收。

剩下的这段时间，我们还是保持平常的心态，坚持过去的学习习惯，不能有丝毫的放松，全力冲刺中考，争取自己最优的成绩，这样既能得到学校老师和同学们的广泛认可，也为高中阶段的学习打下坚实的基础。至于足球训练，这段时间以学习为主，但下周末开始有北京市的希望杯比赛，你是俱乐部的主力队员，还是队长，肩负着俱乐部的责任和荣誉，所以学习和足球训练都不能放松。再说，周末抽出 3 至 4 个小时参加运动，不但不会耽误学习，还让身体放松一下，也可进一步调整心态。你这两天调整一下，抽个时间练练体能，力争以更好的精神状态和良好的身体状态去球场上拼搏，加油！

学会承担责任

2023.5.30

儿子，明天开始就是连续 3 天的二模考试，你每天都学习到很晚，这种学习状态非常好，我原来怕你签约了学校就放松了学习，看来我的担心是多余的。

但我还是要提醒你要有心理准备，下一步你将迎接更大的挑战。这所学校的学生都是尖子生，你现在的成绩与他们还有一些差距，就是说进了这所学校，你在学校的成绩排名一定是相对靠后的，怎么办？这是个现实情况，每个孩子都想进最好的学校，但进去了又担心跟不上，非常矛盾。但你想想，刚进初中时你在学校排名不也靠后吗？后来你意识到了学习的重要性，经过奋起直追，现在不也进入中上水平了吗？

所以，只要不害怕困难，敢于迎接挑战，一定会取得更好的成绩和更大的进步。你目前的状态就很好，虽然签约了，但你没有放松对自己的要求，你说要以最好的状态迎接中考，这说明你对自己的学习成绩和将来的压力有心理准备，在认真地做好各方面的准备，这是一个明智的选择。明天就二模考试了，我不给你压力，你自己也不要有太大压力，正常发挥就行了。

我今天要与你探讨另外一个问题，你目前所有心思都集中在中考上，这是人生的一个特殊阶段。但我总是有一种隐忧，是不是除了学习我们就什么都不用做了呢？家里的事例如做家务活，包括搞卫生、洗衣、做饭，你基本不参与，我也一直在反思这个问题。你这个时间段正是学习吃劲的时候，但也是人生观、价值观形成的关键时期，只关心学习会不会在将来缺少家庭责任感？会不会缺乏交流能力和社会担当，尤其是独立解决问题的能力？初二之后，你基本很少骑车上学，我主要考虑你身体疲劳影响学习状态，还担心你睡眠不足，所以，在吃苦耐劳和勤俭节约这方面我们做得不好。从现在来看，高中3年，学习压力会更大，是不是还是这样安排学习和生活？如果继续下去，你可能会思维固化，认为这一切都理所当然，这样的话，我对你的教育不说是失败的，也是不健全的。你一旦进入社会，会发现自己与社会格格不入。

我这段时间一直在思考对你目前的安排是不是有问题，你也思考一下，学习固然重要，但是不是除了学习其他都可以不顾？我会考虑以后让你更多地参与家务劳动，更多地承担一些家庭责任，包括社会责任。比如，你这几次足球比赛，你作为队长起到了榜样带头作用，一遍遍呼唤队友保持队形，鼓励队友坚持战斗，最后自己拼到腿抽筋，直到被担架抬下去，这说明你很有拼搏精神、有责任心，也有非常好的组织领导的潜质。为什么你在足球方面能表现出来，而生活上则又是另外一种状态呢？我想，只要我们看到存在的问题，就一定有办法解决，你说呢？

我们该追什么样的明星?

2023.6.2

儿子，今天是二模考试的最后一天，关于考试我不想再多说了，你也听烦了，但有一点，对于这次考试中出现的问题，尤其是你说道法考试答题卡写错行了，你去找监考老师，他也说没有办法，只能是吃一堑长一智。这是多么沉痛的教训呀! 这是最低级的错误，不要说当时太着急了，或者答题卡被试卷遮住了，这都不是理由，错了就是错了。你感叹说:"庆幸的是这次不是中考，要是中考就完了。"你为此惊出了一身冷汗。你必须痛定思痛，你的人生中只有一次中考，天下没有后悔药，自己去分析，自己去总结吧!

早上，你说过几天梅西要带领阿根廷国家队到北京工人体育场进行比赛，你想现场去看梅西的比赛。我当时就反对了，主要原因你知道，一个是马上中考了，不能分心; 另一个是门票太贵了。6月15日晚上8点，梅西率领的阿根廷国家队将与澳大利亚国家队在北京工人体育场进行一场友谊赛，这也是阿根廷队夺得2022年卡塔尔世界杯冠军后首次出国比赛，说是大力神杯也可能出现在工人体育场。

我知道对你来说有多么大的诱惑，也许一辈子就这一次机会能现场见到心中的偶像，但没有办法，我必须阻止你，因为在我的认知里，不值得！关于偶像，这里面的话题太多了，我不反对你喜欢梅西和 C 罗，你从小爱好足球，并一直保持坚持和热爱，这是非常好的事。梅西和 C 罗代表当今足球的最高水平或最高境界，你把他们作为自己学习和模仿的榜样，也助于你更加热爱足球，学习他们的励志故事，特别是他们都是苦孩子出身，通过自身的艰苦努力和坚定的意志力，战胜了一个个艰难险阻，最后站在了足球的金字塔塔尖，这当然是值得所有人特别是足球生学习的，所以我一直在支持你，包括你小时候学着 C 罗做"Z"字的发型。但现在情况不一样了，不让你现场去看球，前面也说了原因，如果以后还有机会，门票价格高得不太离谱，或者你自己赚钱了，你认为钱花得值得，那你就去。

有一点让我很欣慰，就是你不追歌星影星，当然，成功的歌星影星也有很多励志的故事，但我不是很鼓励追星。当然，喜欢一个明星不一定非要励志，作为生活的消遣和娱乐也是可以的，但把握这个度或分寸很重要。你看新闻里经常出现你这般大的孩子由于追星而导致了种种问题，有的耽误了学习，有的为了给主播打赏花光了家里的积蓄……像钱学森、邓稼先、袁隆平、牛顿、爱因斯坦这样的科学家明星，我鼓励你去追，一个人的价值和意义，要看他对社会、国家、民族，甚至全人类的贡献，科学家这样的明星能促进社会发展，甚至改变世界格局，推动历史进程。你说，我们该追怎样的明星呢？

管控情绪非常重要

2023.6.12

儿子，有 10 天时间没有与你认真地交流了，不是因为我没有话说，主要是考虑你马上就要中考，不想过多地分散你的精力。但这些天出现的问题我又不得不说，希望你能正确理解，不至于耽误你的中考备战。如果认为我说得对，你就在学习之余思考一下如何调整自己，假如认为我说得不对，请告诉我理由。我非常期待你能与我推心置腹地交流。

一个问题是二模成绩不如一模，在学校的排名也下降了，这不能说是你不努力，这个失误是个战术问题，你一直保持紧张的学习节奏和状态，但忽略了同学们追赶的步伐，在进入最后冲刺的时刻，同学们都在使出浑身解数，就像跑步比赛，在你保持稳定的时速时，其他同学已经加速，等你醒悟过来就已经晚了。好在这不是最后的考试，离中考还有 8 个学习日，虽然你强烈地意识到了这个问题，但我还是要提醒你保持警醒。另外，由于你提前签约，多多少少有点松懈，包括二模道法答题卡填错的问题，实质都是心理松懈导致的不严谨、不认真。

我今天主要讲另一个问题，就是你这些天的思想情绪有很大的波动，比如你跟我说学习太累了，高中还有三年，都快崩溃了。我跟你讲了一些大道理，当然也都是老生常谈的话。你一个劲儿地发泄着自己不满的情绪。之后我基本不再说话，因为我理解你的心情，我是过来人，深深懂得一个孩子成长中遇到的矛盾问题，后来你也不说了，我认为你是理智的，有情绪发泄也要适可而止，这是一个孩子走向成熟的标志。

再就是，有一天你说妈妈好假，一边劝你早点睡觉，又一边要求你再努力一点，你要理解一位母亲对孩子的矛盾心情，当看到自己的孩子学习到凌晨，作为母亲会怎么想？当然是心疼自己的孩子，让你别学了赶紧上床睡觉，这是再正常不过的事。可当看到孩子学习成绩下降或排名靠后时，作为母亲自然又是十分着急，又总是督促自己的孩子努力加油追赶，这就是个矛盾的问题，也是人之常情，哪个母亲遇到这样的问题都会是这样的矛盾心理。所以，你千万不要认为母亲对你的关心是虚假的。

当然，我不认为"妈妈好假"是你的真心话，这也是你学习压力太大、太累后的一种情绪发泄。对于如何表达情绪或发泄不满情绪，我的意见是适可而止，把握住分寸，从你这几次的表现看，你渐渐有了把控能力，这是一种自我情绪控制的能力。你原来可不是这样，发脾气完全不顾后果，也不在乎别人的感受，现在则大不一样，我对你发脾气并不太担心了。还有，以后还要继续管控好自己的情绪，如果内心积压了对学习、生活甚至是对父母的不满，你可以说出来，带着脾气和情绪都没关系。如果内心有话不说，反而会造成更大的问题，甚至出现严重的心理障碍，这样的例子很多很多，你也是知道的。所以，我建议咱们以后还要多交流，当面沟通交流更好，如果没时间或一次聊不完，也可以以书信的形式交流。总之，我随时欢迎你谈自己的看法，我们一同进步一同成长！

中考！中考！中考！

2023.6.21

儿子，今天是夏至。夏至是二十四个节气中的第十个节气，今天太阳直射地面的位置到达一年的最北端——北回归线，北半球各地的白昼时间达到全年最长，夏至也是一年中正午太阳高度最高的一天。夏至过后，正午太阳高度开始逐日降低。夏至后，气温高，天气闷热，尤其是南方经常是雷阵雨天气，容易出现安全事故，你要了解这些生活中的基本常识，出门时特别是在太阳底下进行足球训练时要注意防暑降温，躲避雷电等，聪明的孩子一定要懂得这些常识，找到科学合理的生活方式和生活小窍门。

你总是说热，空调整晚地开着，这也是不科学的，你妈总是在你睡着后帮你打开门缝或者偷偷把空调关了，给你打开风扇。不要认为我们关掉空调是我们怕费电，节约用电也没错，更主要的是开空调的时间长了对身体是有伤害的。尽管你开到26℃，温度适宜，但长时间处在密闭空间对人一定是有伤害的，希望你能合理使用空调，而不是一味地把自己藏在空调房里，看上去暂时凉快舒服了，但把握不好就会给身体带来负担。

另外，明天是端午节，我也给你讲一讲端午节的由来。端午节的来历说法很多，流传最广的是关于屈原的故事，屈原是中国春秋时期楚国的一位官员，由于受到迫害于五月初五投江自尽，当地老百姓为了纪念他，便在每年的这一天开展划龙舟、吃粽子、挂艾叶（为了驱邪避疫）等活动，现在已经演变成了我们的传统节日。端午节放了3天假，但对你来说这3天假是一个重大考验，因为6月24日就要中考，就是说假期的最后一天你们就要迎来人生的第一次重要考试——中考。

本来不想给你压力，我还是忍不住再提醒你几句。

一是这几天的安排。老师应该反复交代了，但你要用心去体会老师的叮嘱，而不是听听就完了。放假是心灵放松，但不是把书本扔一边不管了，老师说这几天要保证每天每门课程自我复习40分钟左右，保持学习的状态和一定的紧张度，就像每一场重大的足球比赛，开赛前几天一般不会有高强度的训练，怕身体过于疲劳影响比赛状态，但每天会安排适应性训练。所以，你要安排好这几天的学习任务，找到适合自己的学习节奏。

二是考试物品准备要充分。你需要的笔和圆规、三角板都准备好了，但还是要最后检查一遍，包括身份证、准考证，逐项检查，确保万无一失。考试3天我都会陪着你，每天接送和做好饮食保障，这点你放心，你只需要把自己的事想细做细就行了。

三是身体锻炼要适度。你这些天几乎天天练体能，我本来是支持你的，但由于中考的重要性，对身体的锻炼也要适度，不能过于疲劳，身体的劳累会导致注意力不集中，会影响考试的正常发挥，你要重视这个问题，学习之余可适当锻炼，每次最好不要超过半小时，晚上11点左右上床睡觉，第二天睡到自然醒，保证头脑清醒，精力充沛。

四是心态要平和。虽然你提前签约了，看上去没有压力了，但我们要对自己负责，对自己三年的初中时光负责，对自己的将来负责，端正的学习态度是成功的基石，你要认认真真、仔仔细细地对待每一场考试，以放松的心态和饱满的热情全力以赴，我相信你会给自己一个满意的答案，我和你妈衷心祝你中考成功！加油！

坚持的力量

2023.7.4

　　儿子，中考终于结束了，我们一家如释重负。但看到你中考后的情绪，让我刚刚放松的心情又紧张起来，原以为中考后你会连续几天睡到天昏地暗，结果中考后的第二天早上 6 点多你就起床了，你说睡不着，我跟你解释说这是生物钟在起作用，是学习时间规律的惯性，还得延续几天。

　　但也不是所有孩子都这样，因人而异，你的心事重，所以这反应也正常。说你心事重，我认为是准确的，刚刚中考完，你又焦虑起来，抱怨高中三年漫长生活，说想想都害怕去面对；你又说高中的学习压力会更大，踢足球就彻底没有希望了！你起伏不定的情绪让我有些不知所措，这几天我也一直在思考，该怎样让你明白成长中肯定会遇到困难和阻力呢？过去我给你讲过这些道理，再讲也都是老生常谈了，但今天我还是要再说说，希望你能从这种消极和抱怨的情绪里走出来，相信通过自己的努力，明天一定会比今天更美好！

　　我前几天看了一篇文章，主要意思是讲一对夫妻开了一家餐馆，正当生意红火时丈夫突然去世了，顾客们十分同情这位妻子，还是一如既往地到这个餐馆吃饭照顾这家的生意，妻子见到顾客总会说"丈夫去世了，生意不好做了"这样让人怜悯或像是抱怨的话。刚开始大家都表示理解，但后来时间长了，这位妻子还总是这样一遍遍地见人就说，老顾客们也渐渐少了，再后来这位妻子的餐馆因经营不下去而关门了。

　　你想想，这个故事告诉了我们什么道理？人生中不如意的事太多了，任何抱怨或负面情绪都不能解决问题，如果是一时的情绪发泄还可理解，有利于身心健康，但一个人总是沉浸在自我的情绪里，总认为自己比别人付出得更多，收获得更少，总是害怕面对现实中的困难，其导致的负面情绪甚至会像雪球一样越滚越大，最后的结果就是没有人再愿意与你在一起。你看这位开餐馆的妻子，大家一心来照顾她的生意，她总是以抱怨人生的态度给周围的人传递和营造这种不愉快的氛围，又有谁愿意总是去听一个人的抱怨呢？所以这位妻子的餐馆关门也是正常的，我希望你能从中得到启示。

　　还有，做任何事要有一股子劲头和顽强的意志力，我从来不怀疑你对足球的热爱，但马上就要上高中了，足球训练的时间一定会大幅减少，这也是一个特殊阶段，希望你不要因为实现不了职业足球的梦想而放弃足球。现在全国高中、大学都有足球联赛，我认为以你的能力将来走向职业足球道路也不是没有可能，关键是看你对足球的态度，我相信只要热爱和坚持，你的梦想是会实现的。即使走不了职业道路，上一所好大学，在大学或将来的工作岗位中一样可能踢足球，享受足球，不也是一种美好的选择吗？

　　做任何事都需要坚定的意志力，绝不轻易放弃，这一点，你要学习你妈。你见过你妈什么时候放弃过自己热爱或认定的事？特别是姥姥生病的时候，你妈是如此坚定执着，哪怕有一丝生的希望就不会放弃，这次姥姥病危，要不是你妈坚定的意志力恐怕姥姥活不到现在。前几天你妈又带姥姥到深圳去治眼睛，她明知道姥姥的眼睛几乎没有希望复明了，但仍然放下手上所有工作，独自带着姥姥千里迢迢去寻医，已经过去5天了，姥姥的眼睛没有任何好转，甚至连一丝反应也没有，但你妈就是不放弃，还在坚持扎针，不到最后一刻她是不甘心的。

　　还有阳阳弟弟，他才8岁，咱们回姥姥家的那天晚上他打篮球，给自己定了一个目标，就是不连续投进5个球绝不进屋睡觉，所有人都说这是不可能的事，因为篮球架在他眼前就像一座大山。二舅和舅妈都急了，怎么训斥和拉扯他就是不为所动，哭着喊着也要完成这个任务，经过几十次的尝试，累得人都站不住了。最后在他的坚持下终于出现了奇迹，5次投篮连续命中，我们大家一片欢呼，我真不敢相信一个8岁的孩子有这样的意志力，他让我看到了人的无限可能！

　　你也在现场，你亲眼所见，你说这是不是坚持和执着的力量？如果我们做一件事随随便便就放弃了，遇到一点困难和阻力就不想干了，这样的话一定会是一事无成的。你一定要好好想想这个问题！

我们一起向未来

2023.7.12

儿子，这些天发生的事，一直令我处于兴奋之中。9 号中考成绩一公布，你打电话告诉我成绩，虽然没亲眼看到，但我也能感受到你的兴奋，你说没有想到考了 617 分，是自己超水平发挥了。我特别为你高兴，更为你骄傲，这是你付出艰辛努力后所取得的回报，是你应该得到的结果。

其实，对你的成绩我有心理预期，但对你来说尤其是一个足球生，能有这样的成绩，我和你妈都是满意的，感谢你为父母带来的喜悦。还记得吧，6 月 24 日中考的第一天，也是端午节假期的最后一天，我和你妈除了接送你什么也没干。你妈上午穿旗袍，学着电视里的样子，当然也是二舅妈的主意，说是希望儿子考试旗开得胜，下午又穿绿色的裙子，说是代表考试顺利"一路绿灯"，后来又换了黄色的上衣，说是预祝儿子走向辉煌。当然这只是你妈对你美好的祝愿，你在路上还取笑你妈这打扮好搞笑。但现在想起来，是不是觉得父母也挺不容易的，你的一举一动都牵扯着父母的心，你的一点点成长进步也都有父母付出的心血。当然还有老师、同学和亲人们的鼓励，最主要的是，你自己在思想上认识到了"为谁而学和为什么要学习"，尤其在初三这一年奋起直追，经过顽强的拼搏终于取得了这样的成绩，希望你记得成长中与你相伴的这些人。相信通过努力，你一定会现实你的人生理想。

现在看，你这个年龄的人生目标是美好的，既确定了自己心仪的高中，又保持了对足球的追求，虽然足球有很大的不确定性，但之前我也说过，即使走不了足球职业道路照样可以让自己对足球充满热爱。尤其是中考证明了你的能力，更加树立了你的自信心。下一步，暑假的前一阶段咱们放松地玩，我带你去你一直想去的海南，感受"天涯海角"的壮美和大海的无限风光。回来后就是一系列的足球比赛，包括青少赛、锦标赛和百队杯，还有学校组织的足球集训。听说学校还会有军训，这件事我要重点提醒你。爸爸从军30年，对部队有着深厚的感情，深深懂得军队这个大熔炉对一个人的成长成才有多重要。你们学生之所以要军训，主要是想通过军事化的管理让你们在较短时间内接受书本之外的人生道理，对自己有个更清醒的认识，对纪律、责任、集体、荣誉等有进一步的理性的认知。对于军训，这件事你切不可大意或轻视，你从小在部队院里长大，对部队生活缺少新鲜感，更应该调整好心态，把自己融入军训当中，从点滴和细小的事情做起，不浪费时光，不辜负青春。

开学后不久，你将迎来你的16岁，这是一个新的起点，机遇与挑战一起向你招手，更大的希望和更艰苦的学习同时出现在你面前，狭路相逢勇者胜。希望你保持自己的优势，克服自身的不足，树立坚定的信心，我相信你的未来一定会越来越好！我们永远在一起！加油！